マンガでゼロからわかる！全世界株式投信

ルカンの超基本

JN129852

泉 美智子 監修
ひげ羽扇 作画

How To Start
Global Index Investing
& Grow Wealth

宝島社

はじめに——オルカンを通して投資と世界経済の〝肝〟を知る

今、あなたが知りたい投資の〝基本〟は何ですか？

投資で失敗しないためには？　儲ける方法は？　投資初心者の迷いは尽きないと思います。投資を始めた人や始めようと考えている人と話をすると、決まって「オルカン」という投資信託の名前が出てきます。雑誌やインターネット上の記事、ＹｏｕＴｕｂｅなどでもよく見聞きするようになりました。とは言え、「みんなが買っているから」「すすめられたから」という理由だけでオルカンを選ぶのは危険です。

一方で、投資は怖い、難しいと感じる人も多いはず。投資の世界は複雑で、とっつきにくい部分が多々あるでしょう。そもそも、投資で儲けるために経済の動きを正確に読むことは、プロの投資家でもとても難しいもの。いわば、〝神のみぞ知る〟ことです。

であれば、現金で持っておけば安心・安全だと思う人もいるでしょう。しかし、**「現金だけ」も、実はリスクがあるのです。いずれにしても、どのようにお金を使うかは、あなたの大切な資産ですから、自分自身で選択していかなければなりません。**

私は子どもの経済教育を専門にしていますが、**デシジョンメイキング（意思決定）**が、

社会に出て、お金のことで自立する上でとても重要だと思っています。お金で自立するということは、自分で選択ができるということです。そして、この意思決定の力を高めるには、お金に関する正しい知識とそれを活かす力、「マネーリテラシー」が欠かせません。

本書は、**「投資で儲ける」ことはもとより、「お金について知る」ことを目的にしています**。オルカンをはじめ金利や為替、株式や投資信託など、普段目にするがよくわからない事柄のしくみや背景を知ることが、マネーリテラシーを高めます。

投資では、自分の持つ資産の価値をいかに最大化するかが求められます。投資は決してギャンブルではなく、自分が許容できる適切なリスクを取りながら長期的な資産形成につなげていくもの。その点で、投資や世界経済のエッセンスの詰まった全世界株式投資信託「オルカン」は、経済を知り、投資の〝肝〟を理解する上でうってつけの素材です。

オルカンを入り口に投資とは何なのか、どのようにお金を使っていけばよいのか——ひいてはどのように生きていくのか。本書のマンガの主人公、美咲とともに、「自分で考え、自分で決める投資」のやり方を学んでもらえれば幸いです。

監修　泉美智子

CONTENTS

第2章
必ず知っておきたい「世界マネー」のしくみ
金利と為替と株価はどう連動する？

第3章

投資対象の強みと弱みを知る
オルカンにはメリットもあればデメリットもある

第4章

長期分散投資を育てるための超基本

オルカンの買い方、売り方、つき合い方

第5章

もっと分散投資を強化したい！

オルカンだけじゃない世界のインデックス投信

・本書は投資の参考情報の提供を目的にしたものです。本書の内容に関しては万全を期すように注意を払いましたが、それを保証するものではありません。本書の情報を利用した結果、生じたいかなる損害、損失についても、監修者、出版社、および本書制作の関係者は一切の責任を負いません。投資の最終判断はご自身の責任でお願いいたします。

・「オルカン」は三菱UFJアセットマネジメントが運用する「eMAXIS Slim全世界株式（オール・カントリー）」の愛称であり、登録商標です。本書ではオルカンについて同投資信託を中心に、一部、他の全世界株式投信を含んで説明しています。

・本書は、2025年3月3日時点の情報をもとに作成しています。最新の情報は証券会社等のサイトをご確認ください。

執筆協力：中野裕也

本文デザイン・DTP：竹崎真弓（ループスプロダクション）

編集：金丸信丈、仲島大貴（ループスプロダクション）

序章

現金にもリスクはある
なぜオルカンに投資するのか?

「円だけ」で私たちの資産は守りきれない!?

えーと、1個600円だって
あれ 値上げした？
他人事だねえ
この調子で あんまり買いすぎると 家計がもたないわよ
確かにここ1年で 値段が1・5倍 くらいになった感じ
何でもかんでも 高くなったわね
♪～
だが 給料も上がったぞ！
5%アップ！
上がったのは いいけど 1・5倍じゃないと 足りないじゃない
うーん……

お母さんはお給料増えないの？
旅行会社は儲かってるんじゃない？
外国の観光客がたくさん日本に来てるし
私の場合は日本人がお客さんだから
今、海外に行こうとする人は少ないのよ
そうなんだ
それにしても何でこんなに外国人観光客が多いの？
NEWS
特集／増える外国人観光客のニーズ
そりゃあアキハバラに行きたいんだろう
もぐもぐ
い為替《かわせ》レート見てないの？
円安だからよ

もちろん円安だけが理由じゃないけど
円安ならドルを円に替えたらたくさん円が手に入るでしょ
物価が上がったといっても私たちにとっては高いけど海外の人にとってはそれでもまだ安いのよ
逆に円を持っている俺たちが海外旅行に行くと思ったほど買えないってわけだな
これだけしか買えないの!?
うちの会社も部品の輸入でコストがかかって厳しい状況だよ
そうかあアメリカに行ってティファニーで買い物したかったのに
ああ、そんな時代があったな…俺が高校生のころに……
1ドルが100円を切ってたなあ…

でも日本経済が上向いていくためにはインフレは必要なことだよ
それでうちの製品も値上げしているからな
モノが高くて買い物ができないのに景気がよくなるの?
モノの値上げだけじゃダメよ給料も上がらないと
今は輸入している原料の値段が上がって仕方なく商品の値段を上げているだけだからなあ
だからお父さんの給料が大して上がらないのね
平均給与の推移
(万円)
400
200
0
1998
2003
2008
2013
2018
2023
(年)
値上げしたからって利益が上がるわけじゃないし……

何だか日本で
生活してるだけでも
ずいぶん世界経済の影響を
受けてるんだね
お金のことは
よくわからないけど
円はかなり
頼りない気がしてきたな
ファッション業界と
一緒ね
世界のトレンドが
日本のトレンドにも
影響するから
切っても切れないし
世界に目を向けないと
乗り遅れちゃう
そうね
ぱくっ
日本にいるからって
日本だけでは
完結しない

老後の資金も
貯めなきゃいけないけど
がさっ
果たしてこの先
貯めた1000万円で
今と同じくらいのモノが
買えるかどうか・・・・
定年になったら
1カ月かけて
米国のメジャーリーグ
観戦旅行に行きたい
んだよなあ
このままじゃきびしいか？
1試合観るのに
日本のプロ野球の
3試合分くらい
お金かかったりして
それはマズいな
大谷選手くらい
円にも頑張って
もらわないと
他人事じゃないわよ～
このままインフレが
続くと
同じお給料でも
できるおしゃれが
減っちゃうんだから
ガーン
それは困る！

うーん…。
何だか先行きがあやしくなってきたな
何か打開策はないかなあ
もっと働けばいいじゃない
いや そりゃ頑張るんだが インフレが続くと貯めた円の価値が減ってしまうわけだし・・・・
銀行に預けていれば利息がつくじゃない
普通預金はだいたい0.3%とかじゃないか？ インフレ率はもっと高いぞ
そういえば
先輩が投資でお金を増やしてるみたい

投資か！
そうだ
うちより儲かってる
○○工業の株を買おう！
きっと株も
値上がりするはずだ！
それだと
日本で完結してるわよ
お父さんのいる
電機業界が
ダメになっても
○○工業は
大丈夫なの？
電機業界の
行く末かあ……
じゃあ
アップルは？
アメリカ企業か
いいわね
でも
米国経済も
大丈夫なのかな？
10年後に株価が
下がったり
しないか？

じゃあフランス企業やブラジル企業の株も買っちゃうとか？
お！それいいかも
でもどうやって？
お父さんフランス企業のこと知ってるの？
まあ企業の名前くらいは……
AXA
Carrefour
そんな名前を知ってるだけの会社の株に定年後のメジャーリーグ観戦を託すの？
託せないわよねえ
私のおしゃれもかかってるし
ぬぅぅ…
どの会社に託すかはギャンブルだな
信用できるのは国くらい大きいところか？

トトッ
金利は……3年で0・861%か
国債とかもあるわよね
安心だけど増えづらいね
投資ってどこにお金を置いとくのがベストか間違えたら怖そうだし……
破産とか…
やっぱり投資ってギャンブルなのかな
あ。
同僚がNISAで儲かってるっていってたな
NISAを始めてみるか?
NISAっていう株を買うの?
よくわからないけどNISA自体は買えないと思うぞ

ねえ「NISA　おすすめ」で検索したら「オルカン」って出てきたよ
これを買えばいいんじゃない？
NISA おすすめ
【NISA】オルカン
オルカンとは
オルカン|NISA
いきなり言われても
俺の定年後のメジャーリーグ観戦は大丈夫なのか？
オルカン……オールカントリーの略か
日本だけで完結ではなさそうね
何にせよ
私のおしゃれやお父さんのメジャーリーグを
よくわからないものには託せないよね
TAP!
よし見てみよう！
NISAのお
【NISA】オ
オルカンはNIS

01 Win-Winか ゼロサムか

そもそも投資とギャンブルはどう違う？

必ず勝者と敗者に分かれるのが「ギャンブル」

まず投資の初心者が抱きがちな素朴な疑問に関する話から始めてみます。株式投資は「ギャンブル」だと思っている人も多いのではないでしょうか。確かに、どちらも「お金を増やすことを目指す」という行為です。しかし、その本質は大きく異なります。

投資の目的は、企業の成長や経済活動の発展に参加することで、投資家と企業の双方が利益を得る「Win-Win」の関係を築くことにあります。例えば、電気自動車メーカーに投資する場合を考えてみましょう。企業は投資家から集めた資金で研究開発や生産設備を整え、よりよい製品をつくります。その結果、製品が売れて企業が成長すれば、株価が上がったり、配当が出るなどして、投資家も利益を得られます。さらに、私たち消費者も性能のよい製品を手に入れられるメリットがあります。

一方、**ギャンブルは「ゼロサムゲーム」です。これは、誰かが得をすれば、必ず誰かが同じ額の損をするしくみ**です。カジノでいえば、プレイヤーが勝てば胴元が負け、胴元が勝てばプレイヤーが負けるだけ。新たな価値は生まれず、お金が移動するだけです。

社会の発展に貢献しながら資産をつくる「投資」

さらに、投資には「長期的な視点」という特徴もあります。世界経済は長期的に見れば成長を続けていて、その恩恵を受けられます。例えば、30年前と比べて、世界の経済規模は約3倍に拡大しています。**株式市場も同様に、長期で見れば上昇傾向にあります。これに対し、ギャンブルは「その場限り」の勝負であり、長期的な価値を生みません。**

加えて、投資には「分散」という手段でリスクを抑える方法があります。世界中のさまざまな企業に少しずつ投資をすることで、一部の企業が苦境に陥っても、全体としては安定した運用が追求できます。ギャンブルにはこうしたリスク管理の手段がありませんが、投資は、長期・分散・積立という基本を守れば、じっくりと資産を育てられます。

02 インフレと資産の目減り

「現金」を持ち続けるほうが安心・安全なのでは？

「お金の目減り」が忍び寄る時代

多くの人は、お金を守るためには「使わずに貯金をする」のが一番安全だと考えています。確かに、必要以上の支出を抑え、コツコツと貯金することは大切です。しかし実は、普通に暮らしているだけでも、じっとしているはずの預金や現金には、さまざまなリスクが忍び寄っているのも現実です。

最も身近なリスクは「物価上昇（インフレ）」です。例えば、10年前は500円で食べられたランチが今では800円を超えているように、同じ金額でも買えるものが徐々に減っています。**財布からお金は減っていないのに、お金の実質的な価値が目減りしている**

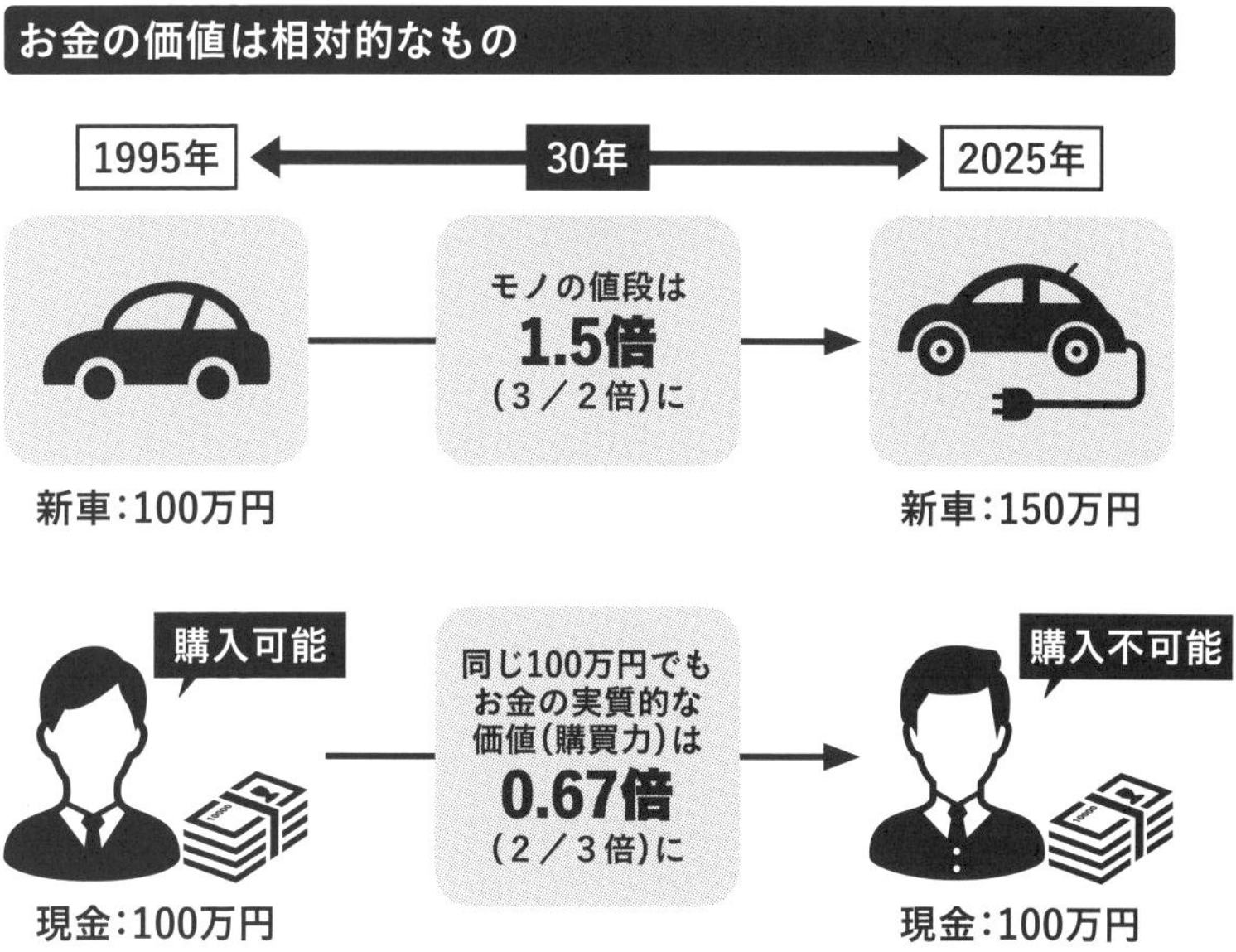

ということです。モノやサービスの価格変動を示す「消費者物価指数」は上昇し続けていて、２０２４年12月時点では1年間で物価が３％上がっていることがわかりました。銀行預金の金利は高くても０・３％程度ですが、現実的には銀行預金だけでは物価上昇率を相殺できていません。

特に近年は世界的にインフレが進んでいて、日本でも食品や光熱費などの価格上昇が家計を圧迫しています。１年で２％の物価上昇が続くと、１００万円の預金の実質的な価値は10年後には約82万円相当まで目減りする計算になります。逆にいうと、現在１００万円で買える品物を10年後に再び買おうと思ったら、122万円が必要になる計算です。**もう1つの大きなリスクは「円安」です。海外旅行や輸入品の価格に直接影響するだけでなく、原材料費の上昇を通じて国内の物価も押し上げます。**例えば、1ドル＝100円から150円になれば、100万円で買える外国製品は3分の2の金額分に減ってしまいます。

現金の最大のメリット〝流動性〟とは？

ただ、一方で現金には「流動性」という大きなメリットがあります。流動性というと少々堅苦しいですが、要するに、**いつでもモノを買える**ということです。友人と一緒に食事に行って、「3000円」ずつの〝割り勘〟になったとき、持っている株を「今1株3000円だから」と渡すわけにはいきません。食事代が3000円なら、1000円札3枚が必要です。コンビニエンスストアで買い物をする、急に入院することになった……といったときでも同じです。普段の生活のなかでは意識しませんが、現金にはこうしたメリットや必要性があります。しかし、だからといって、**「お金は現金で持っているのが一番安全」という考え方には先ほど述べたようにリスクがあります。**

確かに、現金なら預金口座に預けておけば、元本は減りません。通帳の「1000円」が、5年後に見たら「980円」になっている、ということはなく、「1000円」が「1000円」より安くなることはありません。しかし、それは額面上の話であって、お金の「実質的な価値」は、何もしなければ着実に目減りしていくのが現実なのです。

「資産確保」と「資産運用」の大きな違い

では、どうすればよいのでしょうか。ここで重要になってくるのが、**「資産確保」から「資産運用」への発想の転換です。単にお金を持っているだけでなく、その価値を積極的に守り、増やしていく**努力が必要なのです。

例えば、成長著しい企業、安定して利益を上げている企業の株式に投資をすれば、企業の成長にともなって生じる利益を得られる可能性があります。

日本では1990年代のバブル崩壊以降、長らく株価が低迷していましたが、世界全体で見ると過去30年間の株式市場は、物価上昇率を上回る平均リターンを記録してきました。もちろん、株価は上下に変動しますが、長期的に見れば、世界経済の成長とともに上昇する傾向にあるのです。

03 株式・債券・投資信託ほか

必ず理解しておきたい5つの金融商品の○と×

株式、債券、投資信託（投信）、為替、金利の○と×

いざ資産運用を始めようと思っても、どんな方法があるのかわからない人も多いのではないでしょうか。実は、私たちの手元にあるお金でできることは意外と多様です。ここでは、代表的なお金にまつわる商品、金融商品の特徴を見ていきましょう。

まず**「株式」です。企業の株式を購入するという形で投資**します。企業が成長して利益を上げれば、株価の上昇や配当という形で利益が得られるしくみになっていますが、業績が悪化した場合は、株価が下がるリスクもあります。

そして、**「債券」です。債券は、国や企業へお金を貸す**というイメージです。定期的に利子が支払われ、満期には投資した元本が返ってきます。一般的に株式より安定的ですが、その分リターンは控えめ。代表的なものが日本国債で、日本政府が発行しています。

そして、**「投資信託」は、多くの投資家からお金を集めて、専門家が運用するパッケージ商品**です。世界中の株式や債券に分散して投資するので、リスクを抑えている点が特徴。一方で、リターンも分散されるので、大きく利益を上げるのは難しい面があります。

銀行預金の金利も金融商品

「為替」は外国通貨の取引です。円高なら外貨を買い、円安で売れば利益が出ます。ただし、為替はさまざまな要因で大きく変動するためリスクの高い取引といえます。なお、外国株式や外国債券に投資する際は、必然的に為替の影響を受けることになります。

「金利」も金融商品の1つです。**金利とは、お金を貸し借りする際の利率のこと。預金金利や住宅ローンの金利など**がこれにあたります。そして、預金も金融商品の1つです。預金はリスクが極めて低いですから、その分リターン（預金金利）も低くなります。

投資を始める際は、自分の目的やリスクの許容度に合った商品を選びましょう。特に初心者の場合、1つの金融商品に集中せず、分散して投資することが肝要です。

04 円に忍び寄る3つのリスク

オルカンを何のために買うのか考えてみる

経済学者ケインズの「美人投票」の教え

前節で見てきたように、**資産を運用する方法はいくつかありますが、そのなかでも、近年よく耳にするようになったのが「オルカン」**です。オルカンは投資信託の商品の1つで、全世界の企業に投資するのが最大の特徴です。なぜ数ある金融商品のなかから、オルカンに注目が集まっているのでしょうか。

投資商品の選び方を巡っては、「**美人投票（コンテスト）**」という考え方があります。これは、経済学者のジョン・メイナード・ケインズが説いたもので、「一番の美人に投票した人に賞金が出る、というコンテストがあったら、投票者は自分が本当に美人だと思う人に投票するのではなく、みんなが美人だと思うだろう人に投票する」という考え方です。株式は人気が高まると値段が上がるので、ほかの人たちが買いそうな株を選んでおけば、損をする確率は減るだろうという意味です。ただし、オルカンは投資信託なので、少々事情が異なります。

「円だけ」では守りきれない私たちの資産

実はオルカンには、日本に住む私たちが直面する3つの大きなリスクに対する「守り」と「攻め」両方の機能が含まれています。

1つ目は、**「インフレリスク」への対応**です。物価上昇は着実に私たちの資産の価値を目減りさせていきます。先にも書いたように、日本でも食品や日用品の値上げが続いていて、年2％程度の物価上昇が常態化しつつあります。このままだと、現金や円預金だけでは、確実に将来の購買力が下がっていきます。

オルカンは世界の優良企業に投資し、このインフレリスクに対抗しようという投資信託です。企業は物価上昇に応じて商品やサービスの価格を上げられるので、売上高のアップにもつながり、その恩恵は株価上昇という形で投資家に還元されます。実際、世界の主要企業の株価は、長期的に見れば物価上昇率を上回るペースで上がってきました。

2つ目は**「為替リスク」への対応**です。近年、世界的な円安傾向が強まっています。オルカンは外貨建て資産にも投資するので、円安になれば保有資産を円に換算した際、金額が増えます。これにより、円安による実質的な資産価値の目減りを相殺できるという理屈です。ただし、円高時には逆の作用が働くので、換算後の金額は思うほど増えなくなります。

3つ目は、**日本経済のなかだけで生きることのリスクの軽減**です。日本では少子高齢化が進み、経済成長率もほかの主要国と比べて低い状態が続いています。世界銀行のデータによれば、過去20年間の年平均GDP（国内総生産）成長率は、世界全体が約3％前後で推移しているのに対し、日本は約1％にとどまっています。

以上、3つの理由を挙げましたが、こんなに多くのメリットがあるのだからオルカンを買おう、というのは性急です。

金融商品を選ぶ基準はさまざまですが、最も重視されるべきは、「自分にとって適しているる商品かどうか」ということです。あなたにとって、何がよい商品なのか。どういう投資をしていけばよいのか。次の章から、その判断のために必要なことを探っていきます。

第1章

今さら人に聞けない

オルカンって本当はどんな金融商品？

そもそも投資信託って何？ オルカンってどんな商品？

じゃあ早速
聞いちゃお
NISAで
株を買うと
得するんだよね？
俺も
同僚の山田
に聞いた
証券口座を
開くときに
「NISA口座」
を選ぶだけで
いいんだよな？
そのとおりよ
そもそも
NISAって
何が得なの？
NISAを使うと
NISA
この税金が
かからない！
通常
約20%の税金
がかかる
儲け
株を
買った
とき
売った
とき
投資で
儲かったお金に
税金が
かからないの
ええっ!?
お得じゃない！

じゃあ
そのオルカンを……
買えば儲かるのか？
そう簡単にいくわけないでしょ！
あれ？
まあまあ
まずオルカンは何なのかから話そうか
投資信託ってたくさんの種類があって
オルカンはその1つなんだよね
株とは違うんだよな？
投資信託
A社株
B社株
C社株
D社株
etc...
株式以外にも債券や不動産に投資するものもある
正解
投資信託はいろんな金融商品の詰め合わせなの

オルカンは「オールカントリー」の略
だから――
全世界の株に投資できるんだよね！
見て リターンも1年で30％！
普通預金の金利が1年で0・3％……
その100倍か！
でも貯金も大事だよな？
やっぱり投資って少し怖いからさ……
もちろん現金も大事よ
叔父さんの感覚は大切
だからこそ
貯金も含めていろんな金融商品に分散したほうがいいの！
金融商品は種類ごとにリスクが異なるわ
えっ、リスク？

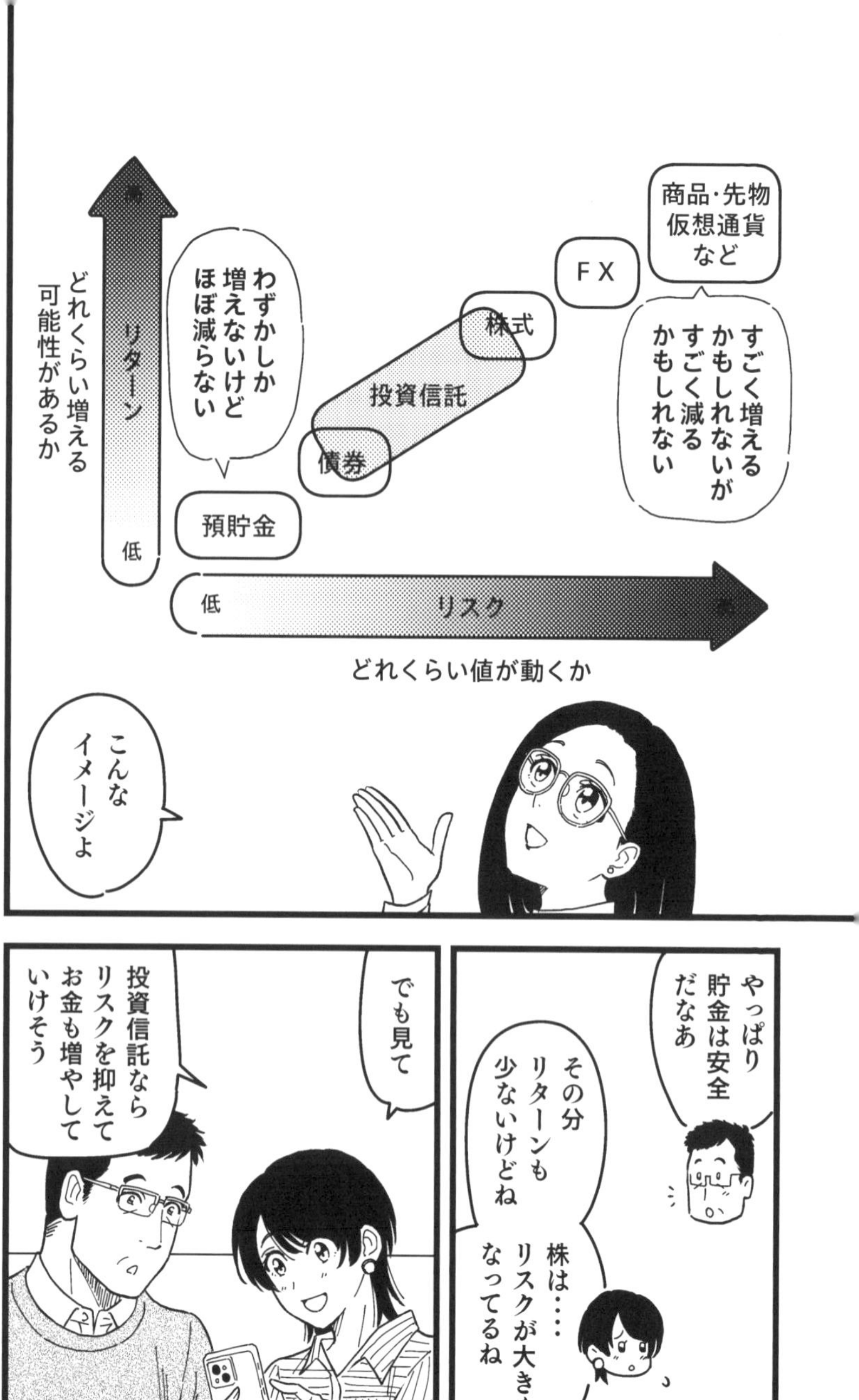
リターン
低
どれくらい増える可能性があるか
わずかしか増えないけどほぼ減らない
預貯金
債券
投資信託
株式
FX
商品・先物仮想通貨など
すごく増えるかもしれないがすごく減るかもしれない
低
リスク
どれくらい値が動くか
こんなイメージよ
やっぱり貯金は安全だなあ
その分リターンも少ないけどね
株は……リスクが大きくなってるね
でも見て
投資信託ならリスクを抑えてお金も増やしていけそう

投資信託は毎月無理のない範囲で
自動的に投資できるのもポイントなの
へえ貯金みたいに毎月積み立てを設定できるのか
投資信託っていろんなのがあるんだね
日本株だけの投資信託もあるんだな
投資信託ならある程度リスクが低いみたいだし
海外のものがいいんじゃない？
となるとやっぱりオルカンかなあ！
eMAXIS Slim
「eMAXIS Slim全世界株式（オール・カントリー）」なら
手数料が0.05775%※で一番安いし！
※2025年2月時点

01 指数連動型か市場分析型か

投資信託の2つの運用スタイルとは？

インデックスファンドの特徴

投資信託には、「インデックスファンド」と「アクティブファンド」という2つの種類があります。運用方法が大きく異なるので、それぞれの特徴を見ていきましょう。

「インデックスファンド」は、**市場全体の動きに連動させる投資信託**です。インデックスとは「指数」の意味で、日経平均株価のような市場全体の値動きを表わす、基準となる数値です。**インデックスファンドはこの指数に連動することを目指して運用**されます。

具体例で解説しましょう。日経平均株価に連動するインデックスファンドの場合、例えば日経平均株価が2％上がれば、ファンドの価値も同じように2％程度上がります。逆に

1％下がれば、ファンドも1％程度下がります。運用担当者は、指数の動きに忠実に追従することに専念し、それ以上でも、以下でもない運用を目指します。

この運用方法には、「運用コストが低い」という大きな利点があります。指数の動きに合わせて自動的に運用されるため、詳しい調査分析が不要だからです。また、市場全体の動きに連動するため、特定の銘柄の影響を受けにくく、安定的な運用が期待できます。

アクティブファンドの特徴

一方、**「アクティブファンド」は、運用担当者が積極的に銘柄を選んで運用する投資信託**です。将来性のある企業を見つけ出し、適切なタイミングで売買することで、市場平均以上の収益を目指します。例えば、環境技術に注目するアクティブファンドであれば、再生可能エネルギー関連企業や電気自動車メーカーなど、成長が期待される企業を重点的に組み入れます。運用担当者は、企業の財務状況や成長性、市場環境などを詳しく分析し、投資判断を行ないます。

このような運用には、市場平均を上回る収益を得られる可能性がありますが、運用コストが高かったり、収益が市場平均を下回ったりする可能性もあります。

02 運用成果の意外な真実

アクティブファンドのほうがもっと儲かる?

「インデックスファンド」を上回る成果が出ていない

「運用のプロが銘柄を選ぶのだから、アクティブファンドのほうが儲かりそう」

多くの人がそう考えるのは自然なことです。しかし実際には、アクティブファンドの多くはインデックスファンドを上回る成果を出せていません。

例えば、ある企業の株価が明らかに割安な場合、世界中の投資家がその企業の株を買おうとするため、株価はすぐに適正な水準まで上がってしまいます。逆に、ある企業の株価が明らかに割高であれば、多くの投資家が売りに出すため、株価は速やかに下がります。

つまり、**世界中の投資家が参加する株式市場では、個別の企業の価値に関する情報は素**

早く株価に反映されていくのです。このような市場では、継続的に「割安株を見つけて買い、割高株を売る」ことは極めて困難です。

運用成果を左右する手数料の差

アクティブファンドの運用では、投資のプロが徹底的な分析を行ない、優良な投資先を探します。しかし、その**分析にかかるコストは運用手数料として投資家が負担する**ことになります。一般的に、インデックスファンドの手数料は年間0・3％程度ですが、アクティブファンドは1・5％程度と、5倍ほどの差があります。

これは後々、大きな差となってきます。例えば、市場全体で年間7％のリターンが生じた場合、アクティブファンドでは手数料を差し引いた5・5％が実質的なリターンとなります。一方、インデックスファンドでのリターンは6・7％となります。つまり、アクティブファンドが市場平均を上回るためには、毎年1・2％以上も多く稼がなければならないのです。

このように考えると、**投資信託を選ぶ際には「どちらが儲かるか」ではなく「どちらが合理的な投資方法か」が重要**になってきます。

03 50カ国3000社の全世界株式

そもそもオルカンとはどんな商品なのか？

世界中の企業に投資するしくみ

オルカンをはじめとした**全世界株式投資信託は、世界中の企業に幅広く投資できる投資信託**です。**全世界、すなわちオールカントリーに投資することから、略して「オルカン」**と呼ばれています。アメリカの大手ＩＴ企業、ヨーロッパの自動車メーカー、アジアの半導体メーカーなど、世界の約３０００社に投資することで、世界全体に及ぶ経済成長の恩恵にあずかることが期待できます。投資対象となる企業は、先進国から新興国まで約50カ国にわたります。幅広く投資することで、特定の国や企業の業績に左右されにくい運用を追求しています。

代表的なインデックスファンドの特徴

商品の通称	オルカン	S&P500	日経平均
連動指数	MSCI	S&P500	日経平均株価
信託報酬	0.05775%	0.0814%	0.143%
投資先	世界50カ国の企業	米国企業	日本企業
構成銘柄数	3000	500	225
純資産総額	5兆3226億円	6兆7201億円	1454億6500万円

※すべて三菱UFJアセットマネジメントの「eMAXIS Slim」シリーズの商品
※データは2025年2月17日時点のもの

オルカンの特徴は、**各国の経済規模に応じて投資先を配分している**ことです。オルカンの投資先の約6割はアメリカ企業になっていますが、これは世界の株式市場に占めるアメリカ企業の割合とほぼ同じ水準です。

オルカンはインデックスファンドでもあります。**世界的な指数会社MSCIが作成する「全世界株式指数」に連動して運用されるため、世界経済の上下に対応して、同じ程度、値が動く**ことになります。

また、指数連動型の自動的な運用を行なっているためコストが最小限に設定されており、一般的な投資信託の手数料（信託報酬）が年間1％程度なのに対し、オルカンは約0・05775％と大幅に低くなっています。

オルカンが連動する指数「MSCI」とは？

世界経済の動きを表わす「物差し」

株式市場の動きをネットで検索すると、「日経平均株価」という言葉をよく目にします。日経平均株価は、日本の株式市場の動きを表わす「物差し」として使われています。同じように、**世界の株式市場全体の動きを表わす指標**があります。オルカンが連動を目指している指標、すなわち世界的な指数会社「モルガン・スタンレー・キャピタル・インターナショナル（MSCI）」が作成する「MSCI ACWI※」です。

世界の株式市場の動きを表わす代表的な指数には、この「MSCI」と「FTSE（フッツィー）※※」があり、いずれも世界の株式市場全体の動きを示す代表的な指標です。

※MSCI ACWI：MSCI社が算出した全世界の株式指数。オール・カントリー・ワールド・インデックス（指数）の略。先進国・新興国の大型・中型株で構成される

世界の株式市場を映し出す2つの「鏡」

MSCIは、世界約50カ国、3000社以上の企業を対象に指数を算出しています。例えば、アメリカのアップルやマイクロソフト、日本のトヨタ自動車など、世界の主要企業がその対象となっています。各企業の株価と企業規模を考慮して指数が計算され、世界経済の動きが数値として表わされます。

一方、FTSEも同様に、世界の主要企業を対象とした指数を算出しています。MSCIとFTSEでは、選定基準や計算方法に違いはありますが、世界経済の動きを示す基本的な役割は同じです。

これらの指数に連動することで、オルカンは世界経済の成長を捉えようとしています。例えば、世界経済が好調で指数が3％上昇すれば、オルカンも同じように約3％の値上がりを目指します。逆に、世界経済が低迷して指数が2％下落すれば、オルカンも同程度値下がりします。**世界的に信頼される指数に連動することで、オルカンは世界経済の動きを効率的に捉えよう**とします。特に、MSCIの指数は世界中の機関投資家が注目しているので、世界経済の動きを表わす代表的な指標として広く認知されています。

※※FTSE：イギリスの経済紙と証券取引所が共同出資した株価指数算出を行なう企業、あるいはその指数。大型・中型株だけでなく小型株も含む

05 運用会社の3つの仕事

オルカンは誰が運用している？

運用会社はどんな仕事をしている？

オルカンは、三菱ＵＦＪアセットマネジメントという運用会社が提供・運用している投資信託です。しかし、「運用会社」という言葉は聞いたことがあっても、具体的な仕事の内容はあまり知られていません。

投資信託の運用会社は、商品を企画・製造・販売する製造業に似ています。例えばお菓子メーカーが材料を仕入れて商品をつくり、スーパーなどで販売するように、**運用会社は世界中の株式という「材料」を組み合わせ、投資信託という「商品」をつくり、証券会社や銀行を通じて販売**しています。

運用会社はどうやって投資先を選ぶ？

運用会社の主な仕事は３つあります。１つ目は、投資信託の設計です。オルカンの場合、世界中の株式に投資するという基本設計を行ない、ＭＳＣＩの指数に連動することを目指すよう、運用方針を決めています。

２つ目は、実際の運用です。オルカンのような指数に連動する投資信託では、コンピュータを使って効率的に運用を行ないます。例えば、ＭＳＣＩの指数の構成比率が変更されれば、それに合わせて保有する株式の比率も調整します。

３つ目は、投資家への報告です。**基準価額（投資信託の１口あたりの値段）**を毎日計算し、運用状況を定期的に報告します。また、法律や規則に従って適切に運用されているかどうかも常にチェックしています。

こうしたサービスに対して、**運用会社は投資家から信託報酬という手数料を徴収**しています。これが運用会社にとっての利益や人件費となるのですが、オルカンの場合はコンピュータを活用した効率的な運用をすることで、投資信託のなかでもトップクラスの低コストを実現しているのです。

06 値動きの幅と投資リスク

個別株式と投資信託のリスクはどう違う？

「投資のリスク」とは「値動きのリスク」

投資の世界では、「リスク」という言葉がよく使われます。多くの人は「損をする可能性」と考えがちですが、投資の専門家は「値動きの大きさ」として考えています。**値動きが大きければ大きいほど、リスクが高い**ということです。

個別の株式は、その企業の業績や業界の動向によって大きく値動きすることがあります。例えば、新製品が大ヒットすれば株価は急上昇し、逆に業績が悪化すれば大きく下落することもあります。具体的に見てみましょう。

ある電機メーカーの株価は、新技術の発表に煽《あお》られ、1日で20％上昇したことがありました。一方、競合他社の台頭で業績が悪化した別の企業では、1日で15％も下落したケースがありました。このように、個別の株式は大きな値動きをする可能性があります。

個別株式と投資信託の値動きの違い

これに対して、投資信託、特に世界中の株式に投資するオルカンのような商品は、値動きが比較的穏《おだ》やかです。なぜなら、**3000社以上の企業に分散投資しているため、個別の企業の影響を受けにくい**からです。ある企業の株価が半分になるような大きな損失が出たとしても、その企業がオルカンに占める割合が1％未満なら、オルカン全体への影響は0・5％程度となります。

実際のデータを見ても、世界の株式市場全体の値動きが1日で5％以上動くことは珍しく、あったとしても数年に一度程度です。これは、世界中の企業の株価がすべて同じ方向に大きく動くことは、よほどの大きな出来事がない限り、起こりにくいからです。

このように、**投資信託は個別株式に比べてリスク（値動きの大きさ）が抑えられる**傾向にあります。特に世界中の企業に投資する投資信託は、分散投資の効果が最大限に活かされ、比較的安定した値動きとなるのです。

07 株式市場85％の時価総額に連動

オルカンの価格はどうやって決まる？

世界の企業の株価が反映される

世界の企業の株価が反映されるオルカンの価格は、世界中の企業の株価の動向を反映して決まります。これは、世界経済の発展を映し出す鏡のようなものです。

オルカンは「ＭＳＣＩ ＡＣＷＩ」に連動することを目指して銘柄が組み入れられます。この指数は、世界の全株式市場の時価総額のうち、85％をカバーすることを目指して銘柄が組み入れられます。

時価総額とは、**企業が発行した株式数と企業の株価を掛けた数値のことで、その企業の規模や株式市場での価値を表わす**もの。「ＭＳＣＩ ＡＣＷＩ」では、世界の株式市場の大部分である85％をカバーするために、アップルやマイクロソフトなどの時価総額が大きい企業が選ばれて、運用されることになります。また、時価総額や株式市場は常に変動するため、構成銘柄はその変動に合わせて3カ月に一度見直されます。

では、具体的にどのようなしくみで、オルカンの価格は決まっていくのでしょうか。

世界経済とともに成長するオルカン

例えば、世界的にスマートフォンの需要が増えた場合、スマートフォンメーカーの売上が増え、利益も拡大していきます。その結果、企業の株価が上がり時価総額が大きくなると、オルカンの価格にもより強い影響を与えます。

こうして、世界経済の発展、特に各分野を牽引《けんいん》する世界のトップ企業の成長が、オルカンの価格を押し上げる要因となるのです。

実際、世界の株式市場は長期的に見ると、経済成長に応じて上昇傾向にあります。ただし、**短期的には株価が上下に変動します。景気の後退や政治的な混乱などで一時的に下がる**こともあります。しかし、歴史を振り返ると、世界経済はさまざまな危機を乗り越えながら、着実に成長を続けてきました。

オルカンの価格は、こうした世界経済の歩みとともに決まっていくのです。

08 1年間で+32%の実績も

オルカンはどれだけ儲かってきた？

過去6年間の実績が物語るもの

2018年の運用開始から、オルカンは世界経済の成長とともに着実な歩みを続けてきました。**運用開始時に1万円だった基準価額は、2024年には2万5000円を超えており、世界経済が力強く成長している**ことが読み取れます。

「過去の実績を見ると順調に成長しているようだけど、これから投資を始めても大丈夫なのか？」という声もあります。確かに、2020年の新型コロナウイルスの感染拡大や、2022年の世界的な金利上昇など、市場に大きな影響を与える出来事はありました。しかし、そうした荒波を乗り越えながら、オルカンは比較的安定した値動きを保ってきまし

世界経済とともに成長してきたオルカン

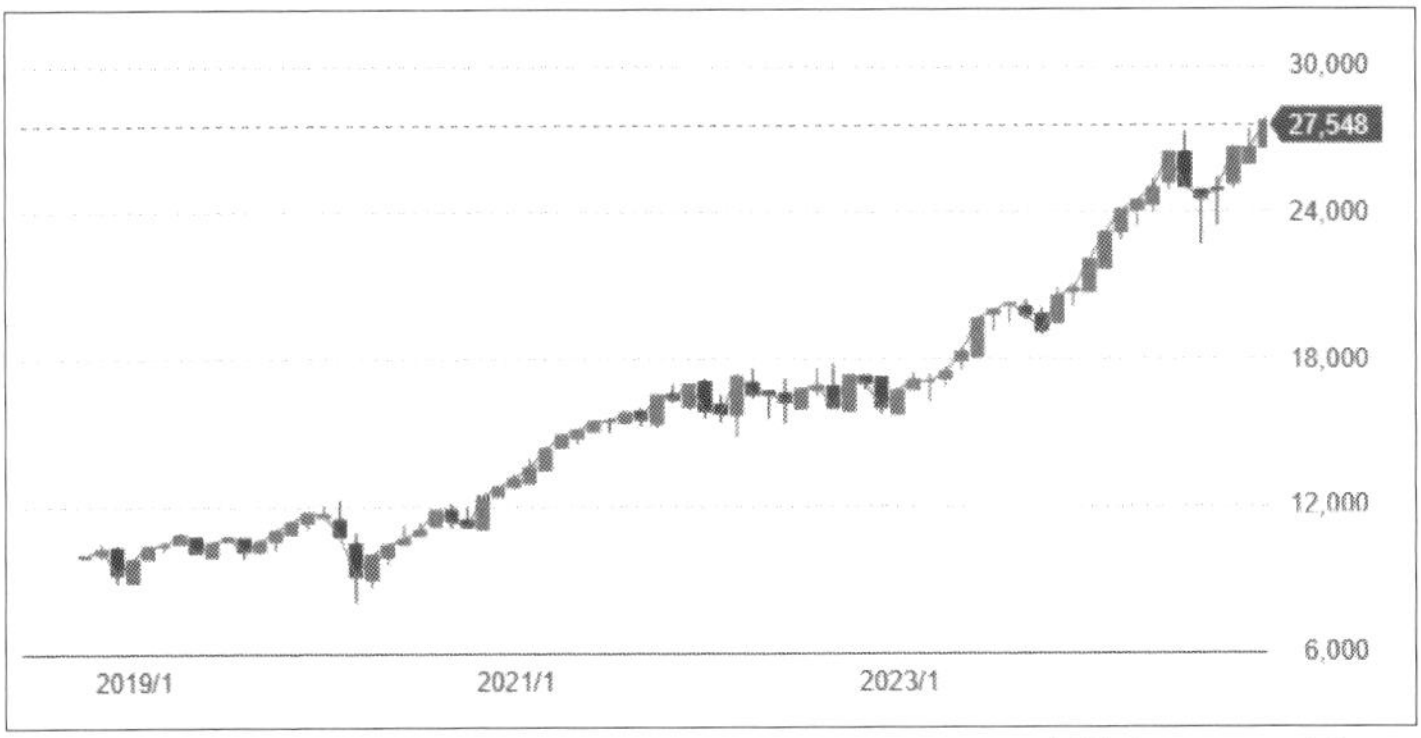

出所：ヤフーファイナンス

基準価額１万円でスタートしたオルカンは、2025年１月22日時点で２万7548円を記録している。2024年の新制NISAで純資産額も急激に増え、基準価額も上昇し、約２.５倍成長した

た。

特に好調だった年には25％を超える上昇を記録。一方で、厳しい年にはマイナスの収益率となることもありました。投資とはそういうものです。重要なのは、**一喜一憂することなく、長期的な視点で向き合うこ**とです。

「時間」をテコにした積立投資

多くの投資家が実践しているのが、毎月一定額を投資する「積立投資」です。例えば、毎月１万円ずつオルカンに投資を続けた場合を考えてみましょう。

価格が高いときは少ない口数しか買えませんが、価格が下がったときには多くの口数を購入できます。

このように、**さまざまな価格で買い続けることで、価格変動のリスクを抑えながら、世界経済の成長の果実を受け取ろうとします。こうした恩恵は時間が長くなるほど大きくなり、その意味で、「時間の力」が力強い味方となるのです。**

ただし、投資には常にリスクがともないます。過去の実績は将来の運用成果を約束するものではありません。大切なのは、「儲かる・損する」という短期的な視点ではなく、世界経済の発展に長期的に参加するという姿勢です。オルカンは、そのための効率的な手段として位置づけることができるといえるでしょう。

第2章

必ず知っておきたい「世界マネー」のしくみ

金利と為替と株価はどう連動する？

世界経済＆株式市場はこう動いている

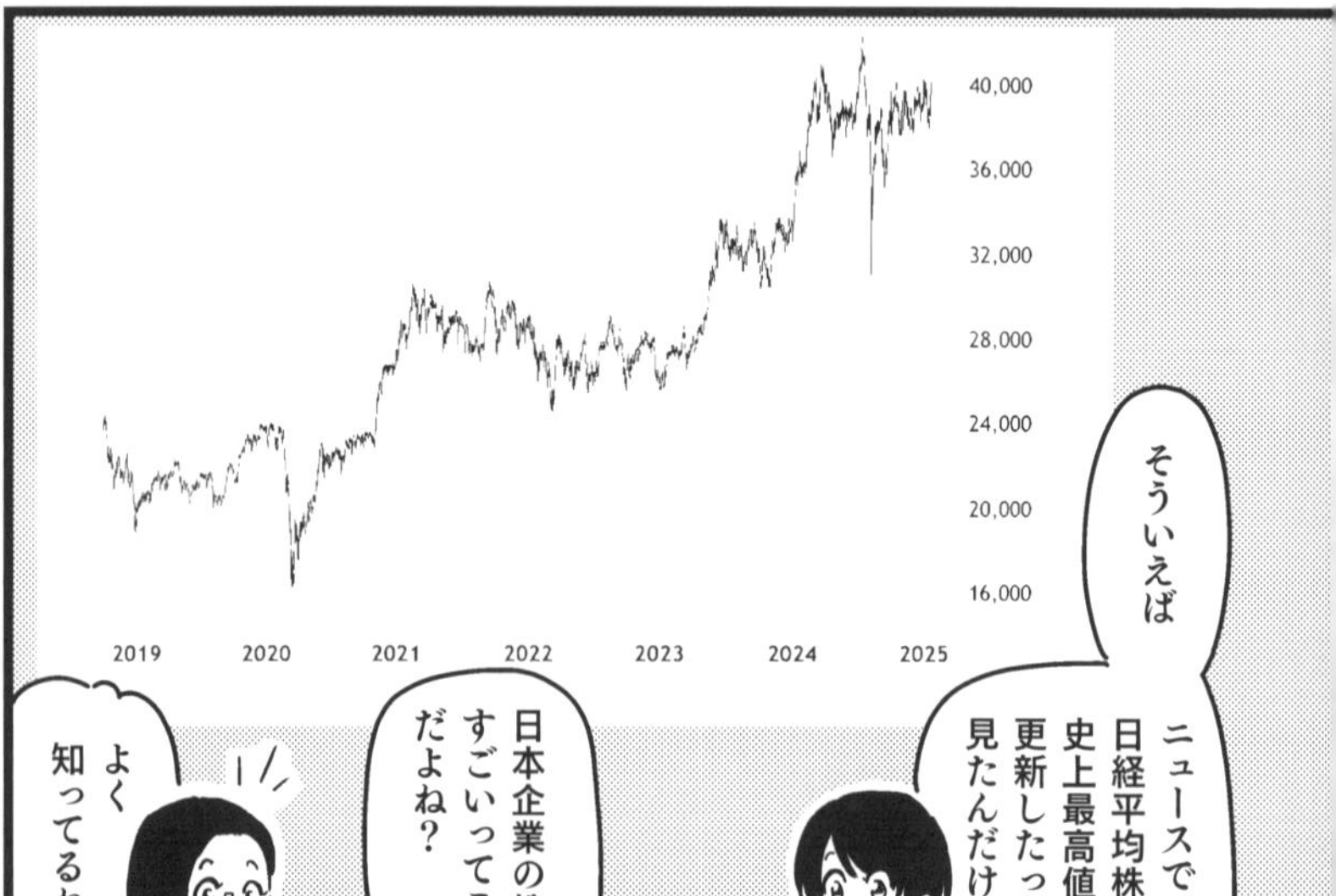

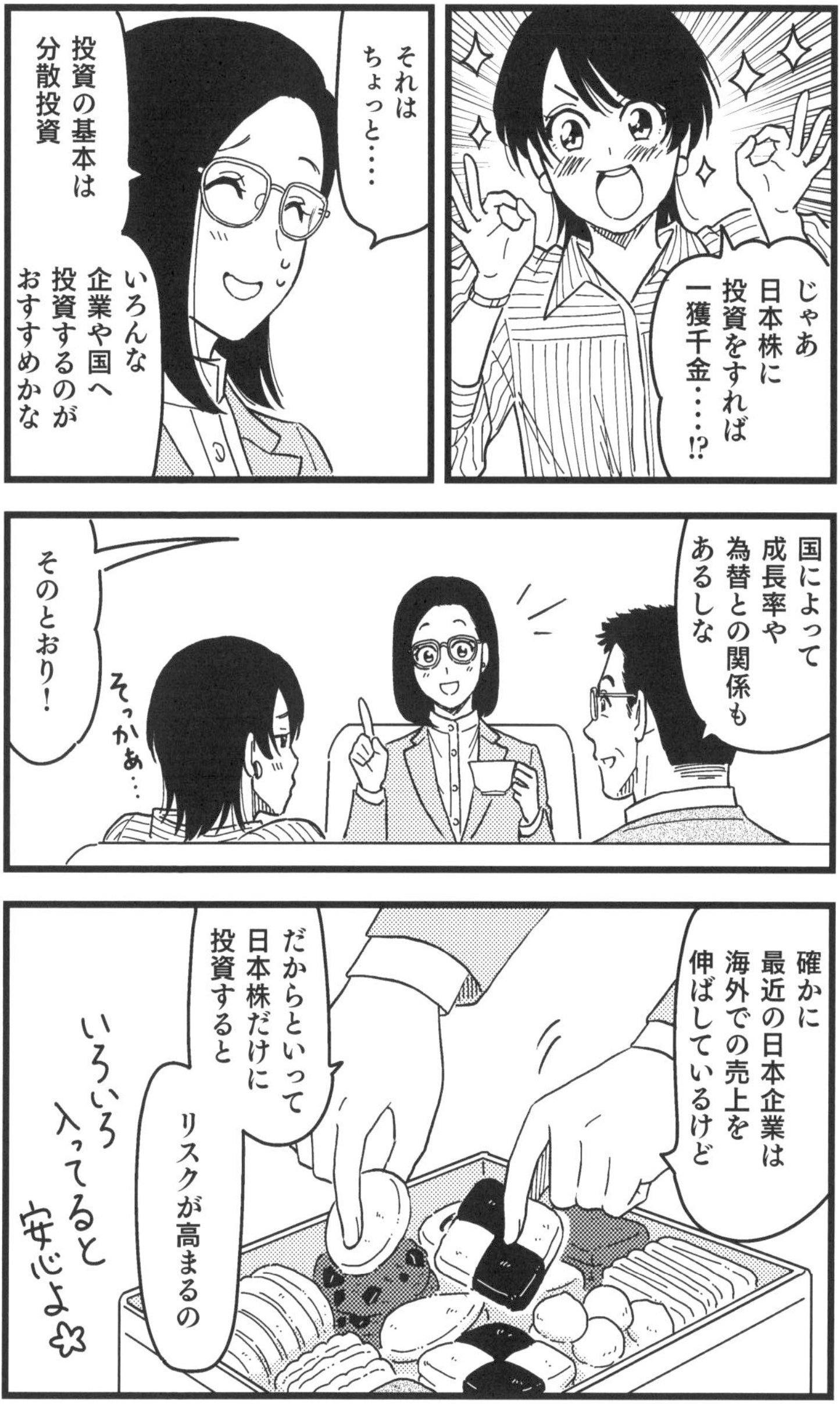
じゃあ日本株に投資をすれば一獲千金……!?
それはちょっと……
投資の基本は分散投資
いろんな企業や国へ投資するのがおすすめかな
国によって成長率や為替との関係もあるしな
そっかぁ…
そのとおり!
確かに最近の日本企業は海外での売上を伸ばしているけど
だからといって日本株だけに投資すると
リスクが高まるの
いろいろ入ってると安心よ

世界には
いろんな国があって
金利や為替
政治情勢といった
さまざまな要因が
株価に影響を
与えているの
いつどの国の株が
大きく下がるかは
わからない・・・・
だからこそ
いろんな国の株を
持っておくことで
リスクが分散
されるのよ
さすが佳奈ちゃん
説明がわかりやすい！
ぽっ
ところで
金利や為替は
どうやって株に
影響するの？

100万円
今
1年後
いくら増える？
今の日本の政策金利は0.5％だけど
アメリカは4.25〜4.50％
（2025年2月時点）
それぞれの国で100万円を1年間貯金すると‥
えっと‥‥
おおっ
利息が日本だと5000円
アメリカだと4万2500円以上になるのか！
そのとおり！
より利息の高い米ドルでお金を持っていたいと思わない？
本当ね　でも
だから日本円は今安いのね
確かに‥‥

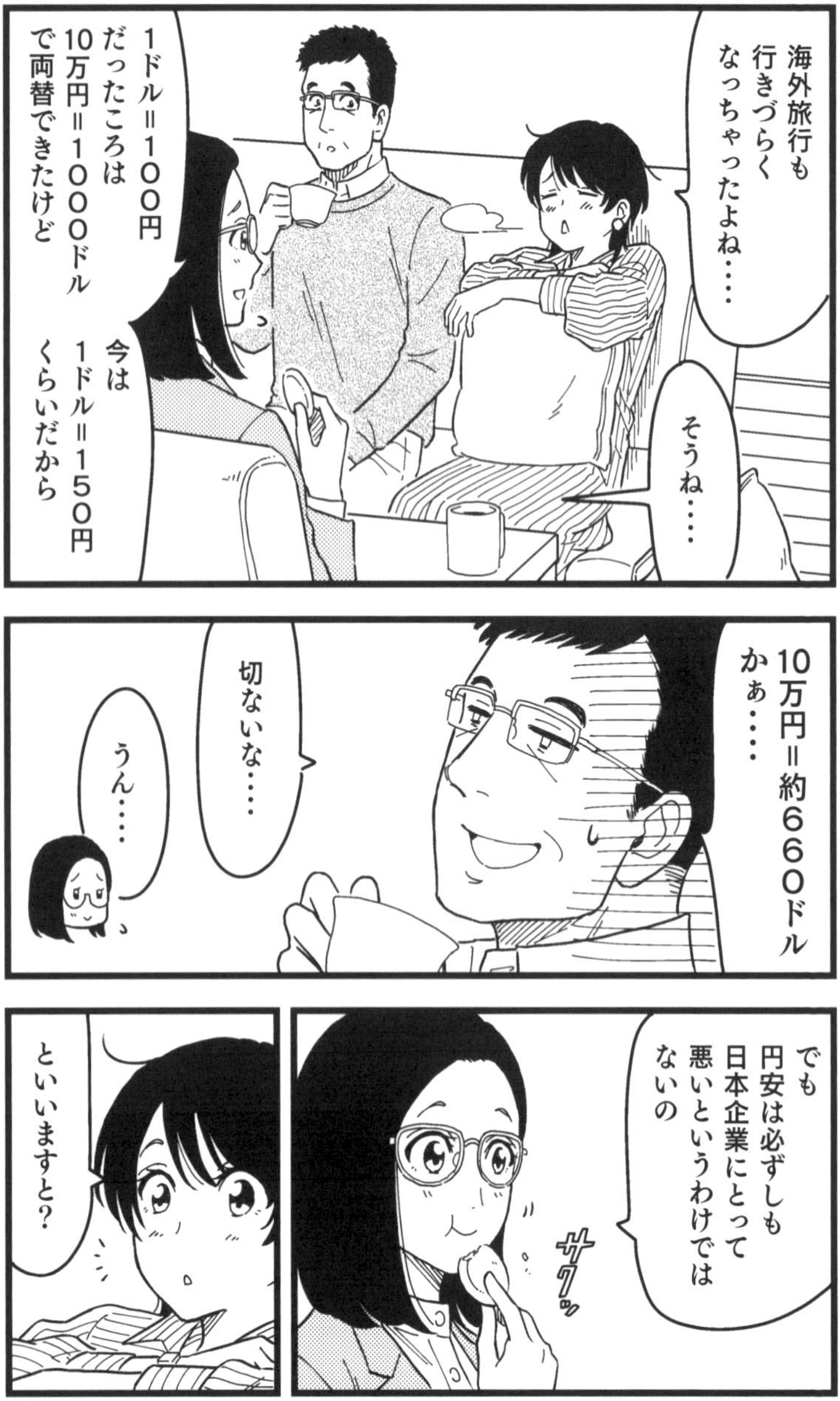
海外旅行も行きづらくなっちゃったよね……
そうね……
1ドル＝100円だったころは10万円＝1000ドルで両替できたけど
今は1ドル＝150円くらいだから
10万円＝約660ドルかぁ……
切ないな……
うん……
でも円安は必ずしも日本企業にとって悪いというわけではないの
サクッ
といいますと？

例えば日本でつくった製品をアメリカへ輸出する企業の場合
品物
1000ドルで買うよ
アメリカ
日本
$
¥
アメリカで1000ドルの売上があったら15万円の収入になるでしょう？
10年前のレートなら12万円にしかならないわ
なるほど！
その結果業績がどんどん伸びるのね！
そうか！
円安の今は輸出企業へ投資をすれば・・・
株価が伸びて儲かる可能性は大いにあるの
と、投資って奥が深いな～
全然わかってない。

でも投資するなら
日本とアメリカだけじゃ分散が少ないような・・・
最近話題の中国やインドはどうだ？
さすが！
新興国
先進国
今の世界経済は
先進国と新興国で「2つの顔」を見せているの
2つの顔？

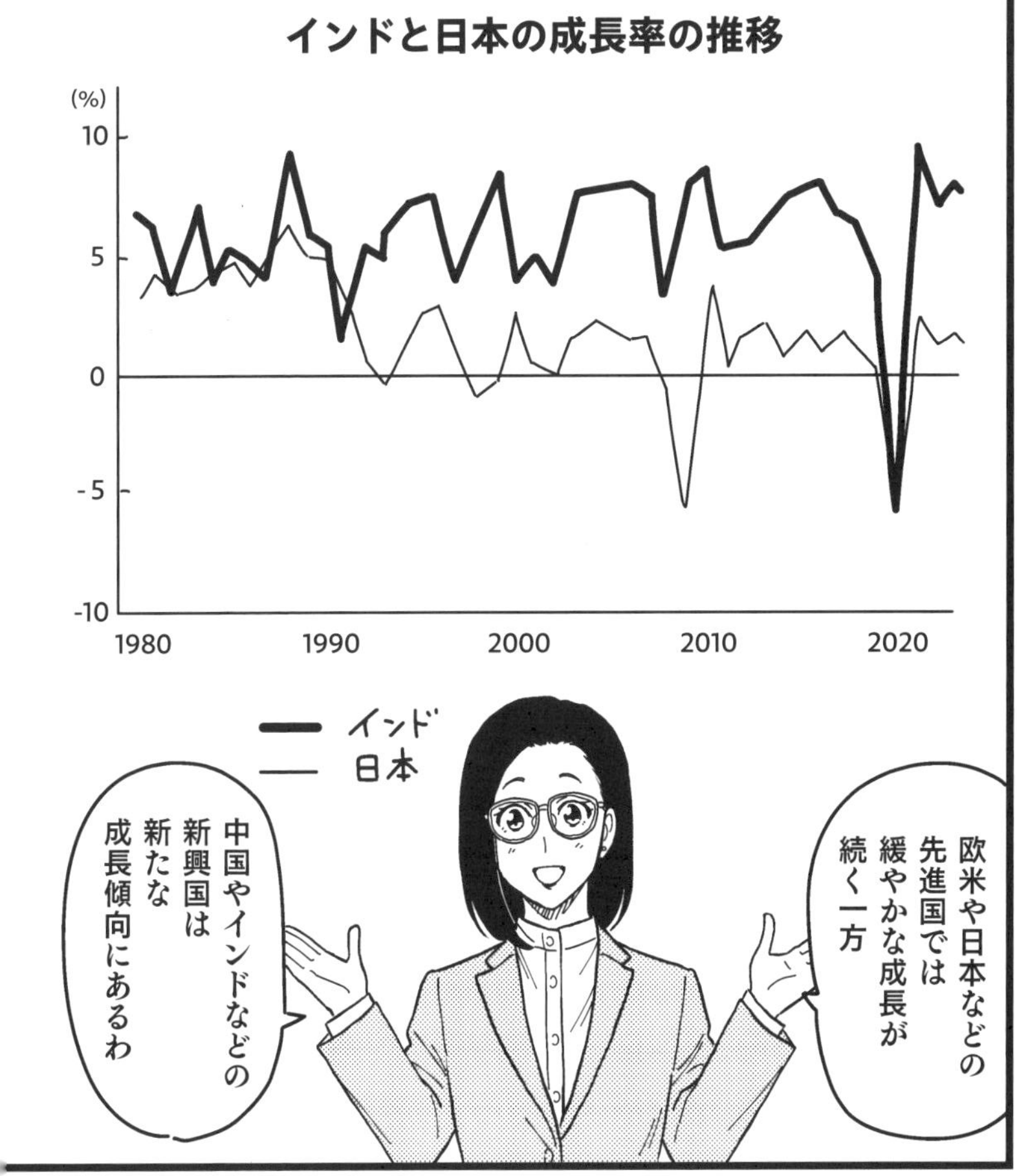
インドと日本の成長率の推移
(%)
10
5
0
-5
-10
1980
1990
2000
2010
2020
インド
日本
欧米や日本などの先進国では緩やかな成長が続く一方
中国やインドなどの新興国は新たな成長傾向にあるわ

すでに豊かな先進国に比べて新興国は伸びしろが大きいってことだな
そういうこと！
そしてアメリカは相変わらず経済が強いわね

今の世界経済を引っ張っているのは主にテクノロジー産業
特に家電などに欠かせない半導体やEV車の輸出が好調なの
将来的にも半導体を使う製品は増えるし
これからに期待できるわ
そういえば最近EV車の充電スポットをよく見るわ
どの企業が好調か探してみよう
そうやって暮らしのなかからヒントを得ていくのは
とてもおすすめ
この紅茶おいしい✿どこ産かな？

そういった世界の株式に投資しているのがオルカンなの
移り変わる世界経済の変化に対して
自動的に対応して投資してくれるのよ
もしかしてオルカン最強？
それならリスクもだいぶ抑えられていそうね
もちろんリスクがゼロの金融商品はない
でも長い目で見たら安全に投資できる銘柄の1つよ
今調べてみたら
アップルやマイクロソフトの株も含まれてるぞ
えっ!?
そうなんだ！
ほかにはどんな企業に投資してるのか調べてみよう！

01 リスク回避と分散投資

日本企業に投資してもこれからは意味がない?

円安時代の日本企業の実力とは?

「日本経済は成熟して成長が見込めないから、もう投資しても意味がない」

このような声をよく耳にします。確かに、日本の経済成長率はほかの先進国と比べて年間約2%と、低い水準が続いています。しかし、だからといって日本企業への投資に意味がない、ということではありません。むしろ、日本企業のなかには、**世界市場で活躍する「グローバル企業」へと進化を遂げている**ところもたくさんあります。

例えば、日本の自動車メーカーの場合、販売台数の約8割は海外市場向けです。また、電機メーカーの多くも、売上の過半数を海外で稼いでいる実績があります。

特に**円安が進む局面では、日本企業の海外での競争力が高まります**。例えば、1ドル＝100円から150円に円安が進むと、海外で得た100ドルの利益は、円換算で1万円から1万5000円に増加します。このように、円安は日本企業の業績にプラスの影響をもたらす面もあります。

日本「のみ」に投資するリスク

ただし、見落とせない点もあります。それは、**日本「のみ」に投資することのリスク**です。現在、日本では少子高齢化が進み、国内市場の縮小が懸念されています。また、世界的な技術革新の波のなかで、新興企業の台頭も著しく、世界レベルでの競争は一段と激しさを増しています。このような状況で、日本企業「だけ」に投資することは、リスクが高まる可能性があります。そこで注目したいのが、「分散投資」という考え方です。世界中の企業に投資することで、特定の国の経済状況に左右されにくい運用が期待できます。

オルカンは、日本企業にも約5・4％の比率で投資していますが、それ以外の94・6％は世界各国の企業に対する分散投資です。これにより、日本経済の動向に大きく影響されることなく、世界経済の成長の幅広い享受に道を開いているのです。

02 金利で動く世界の金融市場

金利・為替・株価……3つの数字の関係とは？

金利が動くと株価はどう動く？

金融市場では、さまざまな「数字」が連動しながら動いています。その中心となるのが「金利」です。2025年2月時点で、日本の政策金利は0・5％、アメリカは4・25〜4・5％、EU圏は2・9％と、国によって大きく異なります。この**金利の違いが、為替レートや株価にも影響を与えている**のです。

金利は、お金を借りる際のコストと考えればいいでしょう。例えば、100万円を借りる場合、日本では年間5000円の金利を払えばよいのに対し、アメリカでは4万2500円の金利を支払う必要があります。この違いは、投資家の行動に大きく影響します。金利が高い国では企業の借入コストが上がるため、株価は下がりやすくなります。逆に、金利が低い国では企業が資金を調達しやすく、株価は上がりやすい傾向にあります。

為替と株価の切っても切れない関係とは？

２０２５年２月時点で、日本の10年国債の利回りは約１・３８５％ですが、アメリカの10年国債は約４・４７６％と大きな差があります。この金利差は、為替レートを動かすことにもなります。多くの投資家はより高い金利を求めて資金を移動させますから、アメリカの金利が高ければ、円を売ってドルを買い、アメリカに投資する動きが強まるのです。この結果、円よりドルの希少価値が高くなり、円安ドル高になりやすくなるのです。

このように、金利→為替→株価という流れで、金融市場のさまざまな数字が連動しています。オルカンのような世界分散投資では、こうした動きを総合的に捉えることができます。例えば、ある国で金利が上がっても、別の国では金利が据え置かれるなど、リスクを分散させる効果が期待できるのです。そして、これらの数字は互いに影響し合っており、１つの要因だけで市場が動くわけではありません。オルカンの場合、**世界中への分散投資で、特定の要因による影響を防いでいる**のです。

03 政策金利と市中金利の関係

金融・経済の動脈「金利」はどのように決まる?

各国の中央銀行が決める金利の基準

住宅ローンの金利や預金の金利など、さまざまな場面で登場する「金利」。金利の数字は、実は各国の中央銀行が決める「政策金利」を基準にしています。

主要国の中央銀行(日本銀行、アメリカのFRB、欧州のECB)は、それぞれ年に8回、金融政策を決める重要な会合を開いています。**この会合で決まる政策金利が、その国の経済の「かじ取り」として機能している**のです。

例えば、物価上昇が続いているときには金利を引き上げ、逆に経済が停滞しているときには金利を引き下げる、といった具合です。これは、ちょうど車のアクセルとブレーキのような役割を果たしています。

政策金利が私たちの生活に与える影響

中央銀行が決めた政策金利は、「市中金利」と呼ばれる実際の取引で使われる金利に波及していきます。例えば、政策金利が0・5％上がると、**住宅ローンの金利も連動して上がって**いきます。

具体的な例で見てみましょう。3000万円の住宅ローンを35年で借りた場合、金利が0・5％から1・0％に上がると、月々の返済額は約8000円増えます。これは年間では約10万円の負担増となります。

また、企業が事業資金を借りる際の金利も上昇するため、企業の投資活動が慎重になり、結果として**給与や雇用に影響が出る可能性**もあります。このように、政策金利の変更は、じわじわと私たちの生活全体に広がっていくのです。

このような金利の変動は、もちろん投資にも大きな影響を与えます。だからこそ、オルカンのような世界分散投資が重要になってきます。世界中のさまざまな国に投資することで、特定の国の金利変動による影響を和らげることができるからです。

04 各国の金利差と為替相場

国と国の金利差が投資に与える影響は？

金利差がもたらす円安、ドル高

2025年2月時点で、日本の政策金利は0・5%、アメリカは4・25〜4・45%と、日米間では約4%の金利差があります。この違いは、世界のお金の流れを大きく変えていきます。なぜなら、投資家は「より有利な運用先」を求めて、国境を越えてお金を動かすからです。例えば、1億円の資金を1年間運用する場合を考えてみましょう。日本で運用すると年間50万円の利息ですが、アメリカでは425万円以上の利息を得られます。この差は375万円にもなります。このような大きな差があると、多くの投資家は**日本円を売ってアメリカドルを買い、アメリカで運用しようとします。**

金利差で変動する通貨の価値

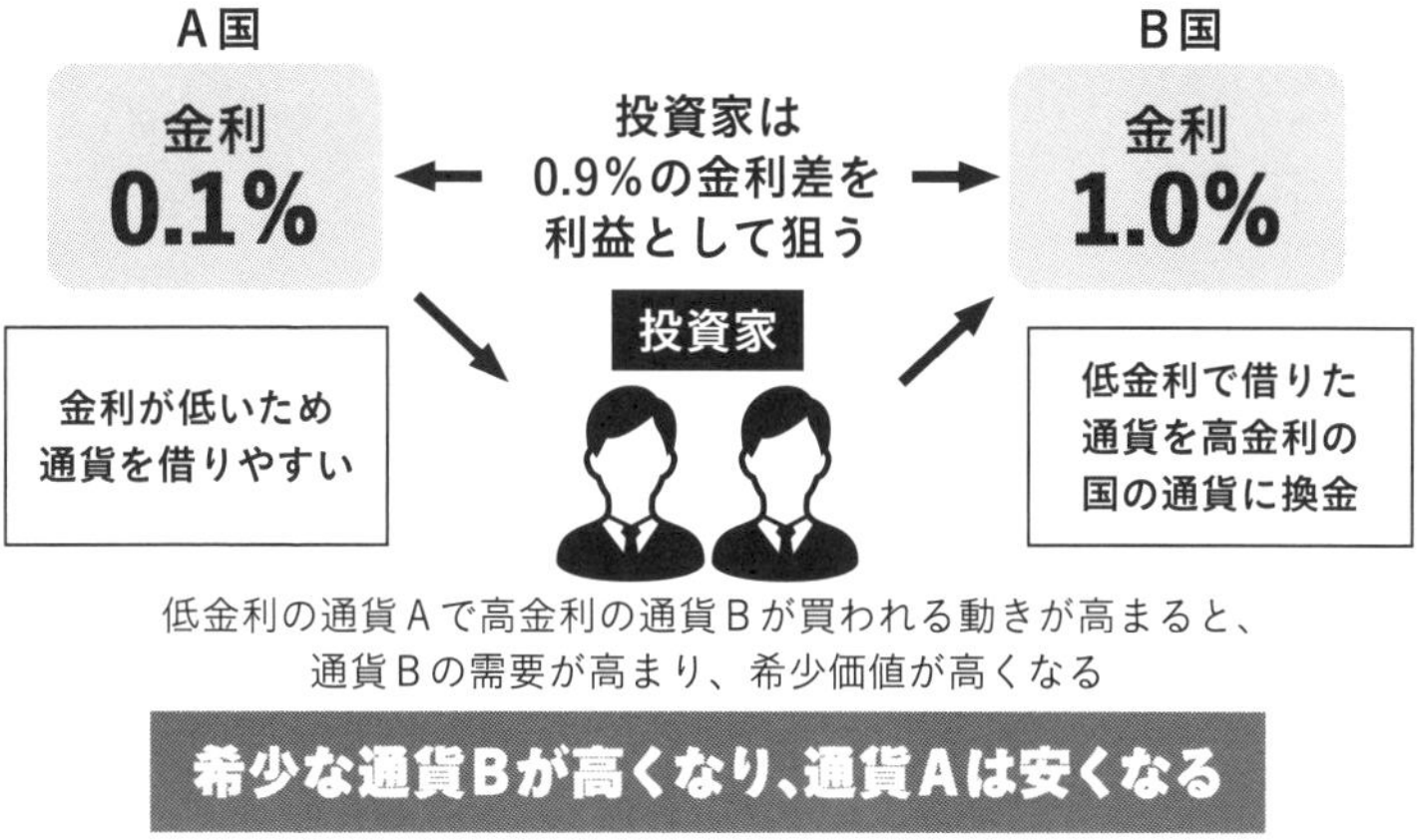

「キャリートレード」の影響とは？

このような投資行動は、為替レートに大きく影響します。2024年7月には、1ドル＝160円台という歴史的な円安水準を記録しました。これは、多くの投資家が「低金利の円を売って高金利のドルを買う」という行動を取ったためです。

この「低金利の通貨を借りた上で売って、高金利の通貨を買って運用する」取引は「キャリートレード」と呼ばれます。

これが活発になると、**高金利通貨（この場合はドル）の価値が上がり、低金利通貨（円）の価値が下がってしまう**のです。ですが、一般的には金利が下がると株価は上がるため、日本の株価は高水準が続いています。

05 為替の変動と景気の関係

為替レートの変動が経済に与える影響は？

世界の通貨取引の主役は米ドル、ユーロ、日本円

世界の外国為替市場で最も活発に取引されているのは米ドルです。全取引の約44％を占め、国際間の貿易や取引の決済に使用される「基軸通貨」の地位を確立しています。続いてユーロが約15％、日本円が約８％と続きます。これら**3つの通貨で、世界の為替取引の約7割を占めている**のです。

注目すべきは、中国人民元の台頭です。かつては取引量の少なかった人民元ですが、中国経済の発展とともにシェアを伸ばし、現在では約４％を占めています。世界の経済勢力図が変化するにつれて、為替市場の構造も少しずつ変わってきているのです。

為替の変動で暮らしが変わる

為替レートの変動は、私たちの暮らしに大きな影響を与えます。

例えば、海外旅行に行く場合、以前は10万円で約1000ドルを両替できましたが、円安が進み、今では約660ドルしか両替できなくなりました。海外から輸入してものを買おうとすると、より多くの円が必要になるため、結果的に国内で販売する輸入品の価格も上昇し、ガソリンや食料品などといった**生活必需品が値上りする**傾向にあります。

一方で、輸出企業にとっては、円安はプラスに働きます。海外で1000ドルの売上があった場合、以前は10万円の収入でしたが、円安では15万円の収入となります。このため、**多くの輸出企業の業績が改善する**傾向にあります。

このように、為替レートの変動は、企業の業績から私たちの日常生活まで、経済全体に幅広い影響を与えています。その影響は、輸出企業と輸入企業、また消費者の立場によっても、プラスにもマイナスにもなり得るのです。あたかも円安が〝悪いこと〟であるかのような言われ方をすることもありますが、一方的にどちらがよい、悪いという問題ではありません。

06 デジタル化と消費拡大の未来

世界経済は今後も本当に成長を続けられる？

世界経済には2つの顔がある

世界経済は今、「2つの顔」を見せています。**アメリカや日本などの先進国では緩やかな成長が続く一方、中国やインドなどの新興国では、より力強い成長**が見られています。2025年の成長率予測を見ると、先進国全体で1・9%、新興国では4・2%と、大きな差があります。

なぜこのような違いが生まれるのでしょうか。先進国はすでに豊かな経済水準に達しているため、急激な成長は難しくなっています。一方、新興国は経済発展の途上にあり、テクノロジーの進歩や生活水準の向上により、より高い成長が可能だからです。

カギを握るのはテクノロジー産業

世界経済の成長を牽引しているのは、主にテクノロジー関連産業です。特にアジア地域では、**半導体や電気自動車関連の輸出が好調**です。また、デジタル化の進展で、オンラインサービスなど新しい産業も急成長しています。

例えば、中国では年間5％の経済成長が見込まれていますが、これはテクノロジー産業の発展と、14億人という巨大な人口による消費の力が組み合わさった結果です。インドでも同様に、デジタル化と消費拡大が成長を後押ししています。

国際通貨基金（ＩＭＦ）は、２０２４年から２０２５年にかけて、世界経済は年間３・２～３・３％の成長を続けると予測しています。これは、世界が新型コロナウイルス大流行の影響から回復し、新しい成長のステージに入りつつあることを示しています。

ただし、この成長には課題もあります。インフレ圧力や金利政策の影響、さらには国際政治の緊張関係など、さまざまな要因が経済に影響を与える可能性があります。

しかし、**世界経済は多くの課題を乗り越えながら、長期的には成長を続けていく**と考えられています。

07 変わりゆく世界経済の主役

新興国の企業に投資を続けて本当に大丈夫？

変わり始めた成長企業の顔ぶれ

世界経済の主役は、時代とともに変化しています。かつては先進国が世界経済の大半を占めていましたが、今や新興国の存在感が急速に高まっています。特に中国やインドなどのアジア諸国は、目覚ましい成長を遂げ、世界経済の新たな牽引役となっています。

企業の顔ぶれも大きく変わってきています。世界の時価総額上位企業はアメリカ企業が占めていますが、**中国のテクノロジー企業も着実に順位を上げているの**です。

新興国の産業構造も大きく変化

オルカンの投資先企業の国別構成比率

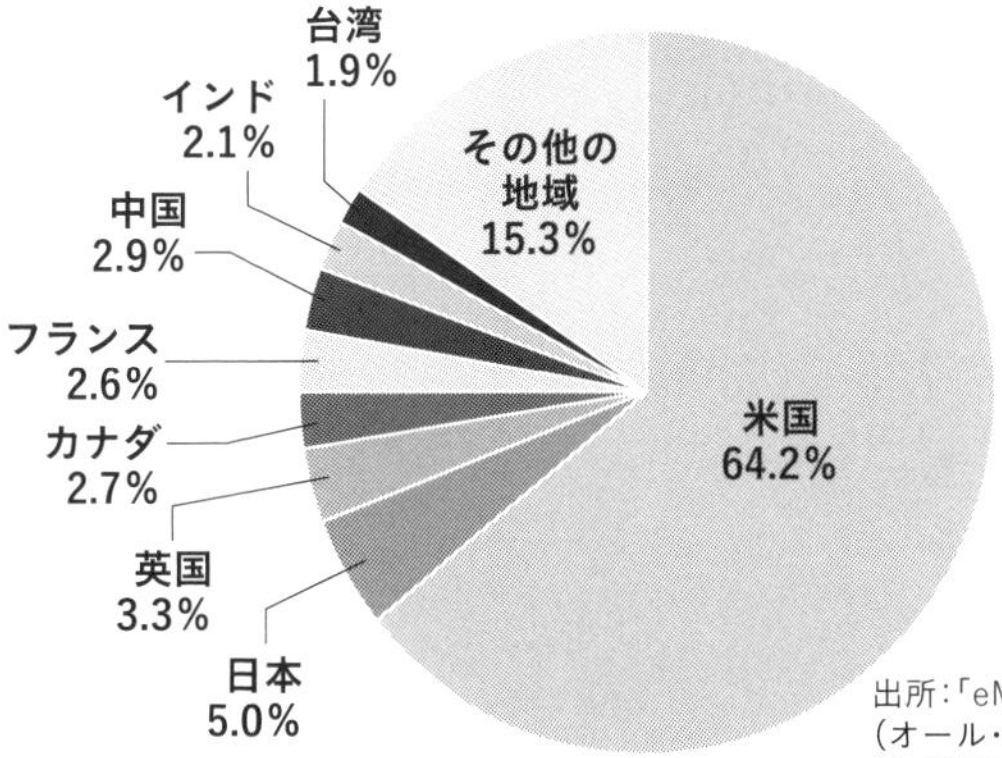

出所：「eMAXIS Slim 全世界株式（オール・カントリー）交付目論見書」（2024年９月末現在）

構成比率のうち６割を米国株が占めている一方、新興諸国の躍進も見られる。成長著しい中国や半導体事業に強い台湾も先進諸国に匹敵する割合で投資されている

特に注目すべきは、新興国の産業構造の変化です。例えば、インドではＩＴ産業が最大の輸出産業となり、今や世界のデジタル化を支えています。また、ベトナムでは製造業への外国からの投資が増え、「世界の工場」として注目されています。

このような変化に対応して、オルカンは投資先を調整しています。**現在の資産構成比率は、日本を含めた先進国株式が約90%、新興国株式が約10%**です。一見、先進国の比率が高く見えますが、これは現時点での世界の株式市場の規模を反映したものです。新興国の経済が成長すれば、オルカンはそれを反映した銘柄を選定し直すため、その恩恵を自動的に享受できます。

08 米国・中国・インドが熱い訳

今、経済が本当に好調な国はどこ？

コロナ禍を潜《くぐ》り抜けたアメリカ経済の底力

世界経済を牽引しているのは、やはりアメリカです。アメリカの株式市場を代表するS&P500指数は、**1996年から2024年までの約30年間で実に700%以上も上昇**しました。特に2020年以降はコロナ禍からの回復とともに急速な伸びを見せ、2023年には前年比約15%という力強い上昇を記録しています。

この成長を支えているのが、テクノロジー企業の躍進です。アップルやマイクロソフト、エヌビディアなどの大手テクノロジー企業は、予想を上回る業績を上げ続けています。また、ヘルスケアやエネルギー分野も好調で、産業全体として年率10%を超える成長を達成しています。

インド、ベトナム、ブラジル……新興国の躍進事情

一方、新興国のなかでも特に注目を集めているのがインドです。2014年から2024年の推移を見ると、インドは毎年5～9％の高い経済成長率を維持しています。2025年も6・5％の成長が見込まれていて、その勢いには衰える気配がありません。

インドの成長を支えているのは、ITサービスと製造業です。世界中の企業がインドにITサービスを委託し、また製造拠点としても注目を集めています。人口も多く、**消費市場としての魅力**も高まっているのです。

ほかの新興国も好調です。ベトナムやブラジルは5～6％の成長率を維持しており、製造業と輸出の成長が著しいです。こうした国々では、従来の農業中心から工業・サービス業へと産業構造が変化しており、それが経済成長につながっているのです。

このように、世界経済は先進国と新興国がそれぞれの特徴を活かしながら成長を続けています。**アメリカは技術革新で、新興国は産業構造の転換で、それぞれ異なる形で経済発展を遂げている**のです。

09 70%を占める"プロ"の存在

金融市場を動かす「機関投資家」って誰？

世界最大級の「機関投資家」が日本に！

世界の金融市場には、実にさまざまな参加者が存在します。**そのなかで最も大きな存在感を示しているのが「機関投資家」です**。市場全体の投資額のうち、約70%を占める機関投資家は、私たちの資産運用に大きな影響を与えています。

最も代表的な機関投資家が、日本の年金積立金管理運用独立行政法人（GPIF）です。2024年度末時点で約259兆円という巨額の資産を運用しており、これは世界最大級の規模です。この金額がどれほど大きいのか、例えば日本の一般家庭の金融資産の平均が約2000万円ですから、**約1295万世帯分の資産に相当**します。

海外にも大きな機関投資家が存在します。例えば、アメリカのカリフォルニア州職員退職年金基金（ＣａｌＰＥＲＳ）は約60兆円の資産を運用しています。これらの**機関投資家が売買を行なうと、その影響で株価が大きく変動することもある**のです。

個人投資家の割合は3割

一方で、市場の約30％を占める個人投資家は、機関投資家とは異なる特徴を持っています。個人投資家の最大の強みは、小回りが利くことです。しかし、市場の変化に応じて素早く売買できる半面、ときとして感情的な判断で売買を行なってしまうこともあります。

また、近年はインターネットの普及により、個人投資家の投資環境は大きく改善しています。**スマートフォンで簡単に取引ができて、世界中の企業に投資することが可能**になりました。投資信託や上場投資信託（ＥＴＦ）の普及も、個人投資家の市場参加を後押ししています。

個人投資家の大部分を占めているのが海外投資家です。特にアメリカやヨーロッパの投資家が日本市場で活発に取引を行なっています。２０２４年には円安を背景に、海外投資家の日本株投資が増加し、市場を活性化させました。

値動きに影響する個人投資家の行動

機関投資家の投資行動は、市場全体に大きな影響を与えます。例えば、ＧＰＩＦが国内株式の買い付けを増やすと発表しただけで、市場が活気づくことがあります。これは、**ほかの投資家もＧＰＩＦの動きを注視しており、追随する傾向がある**ためです。

機関投資家の特徴は、長期的な視点で投資を行なうことです。年金基金の場合、何十年も先の給付に備えて運用するため、短期的な市場の変動にはあまり反応しません。このような安定的な投資行動が、市場全体の安定性を支える役割を果たしています。

一方、海外投資家が多い個人投資家は、比較的、短期で投資判断を行なうことが多く、市場の値動きを活発にする要因となっています。特に、インターネット取引の普及により、個人投資家の売買も市場に大きな影響を与えるようになってきました。

このように、**金融市場は、さまざまな投資家が異なる考えや戦略を持って参加する、まさに「世界の広場」のような場所**なのです。大きな取引を行なう機関投資家、機動的な個人投資家、個人投資家のなかでもよりグローバルな視点を持つ海外投資家が、それぞれの役割を果たしながら、市場全体の動きをつくり出しているのです。

第3章

投資対象の強みと弱みを知る

オルカンにはメリットもあればデメリットもある

ワァァァァ
ドドド
突っ走れーーーー！
行けーーーー！
ドド
やったあーーー！
あああああ・・・・
ーーほら
お父さん
いつまでも
しょげてないで
食べてよ

今日は私のおごりなんだから
うう…・いただきます…・
美咲はいくら勝った?
５倍のオッズの馬に５０００円賭けたから２万円の勝ち〜
お父さんは?
今回は５０００円も競馬場に持っていかれた…・
増えれば楽しいし減れば悲しい
おいしーっ
勝負ごとだから負ける日もあるよ

は〜
天気もいいし
馬が走る姿も
迫力あったね
何だか
投資が不安に
なってきた‥‥
自分が預けたお金が
増えるかどうかは
投資先次第だから
ってこと？
競馬は
馬次第だし
必ず儲けられる話
はないからな
確かに‥‥
NISAだって
税金はかからないけど
利益が出なきゃ
意味ないしね
そう
そう。

むむむ…
考えてみると NISAの儲け分って
お金はどこから出てるんだろう？
わなわな…
暴落したら私のお金が誰かに持っていかれて大損になるのかな？
私も急に投資が怖くなってきた……！
そうだ！
佳奈ちゃんに全部任せようかな
それが一番安全じゃない？
いや それはダメだ
自分のお金は自分で責任持たないと
うう…ド正論…
まあ確かに
この前オルカンのいいところを聞いたけど
具体的なリスクは聞きそびれたもんな
café
佳奈に聞いてみようか

——というわけなんだけど……
胴元に全部持っていかれちゃったか〜
あらま
利益が出た!
負けた…
勝ったー!!
¥
投資
ギャンブル
だけど投資はゼロサムゲームじゃない
競馬とはルールが違うの
でも私市場の動きとか全然わからないし
暴落がいつ来るかもわからないよ
それは私にもわからないわ
というか誰にもわからない
だから投資はギャンブルだっていう人もいるの
確かにときどき暴落は起きてるわ
日本のバブル崩壊とかリーマンショックやコロナショックとか

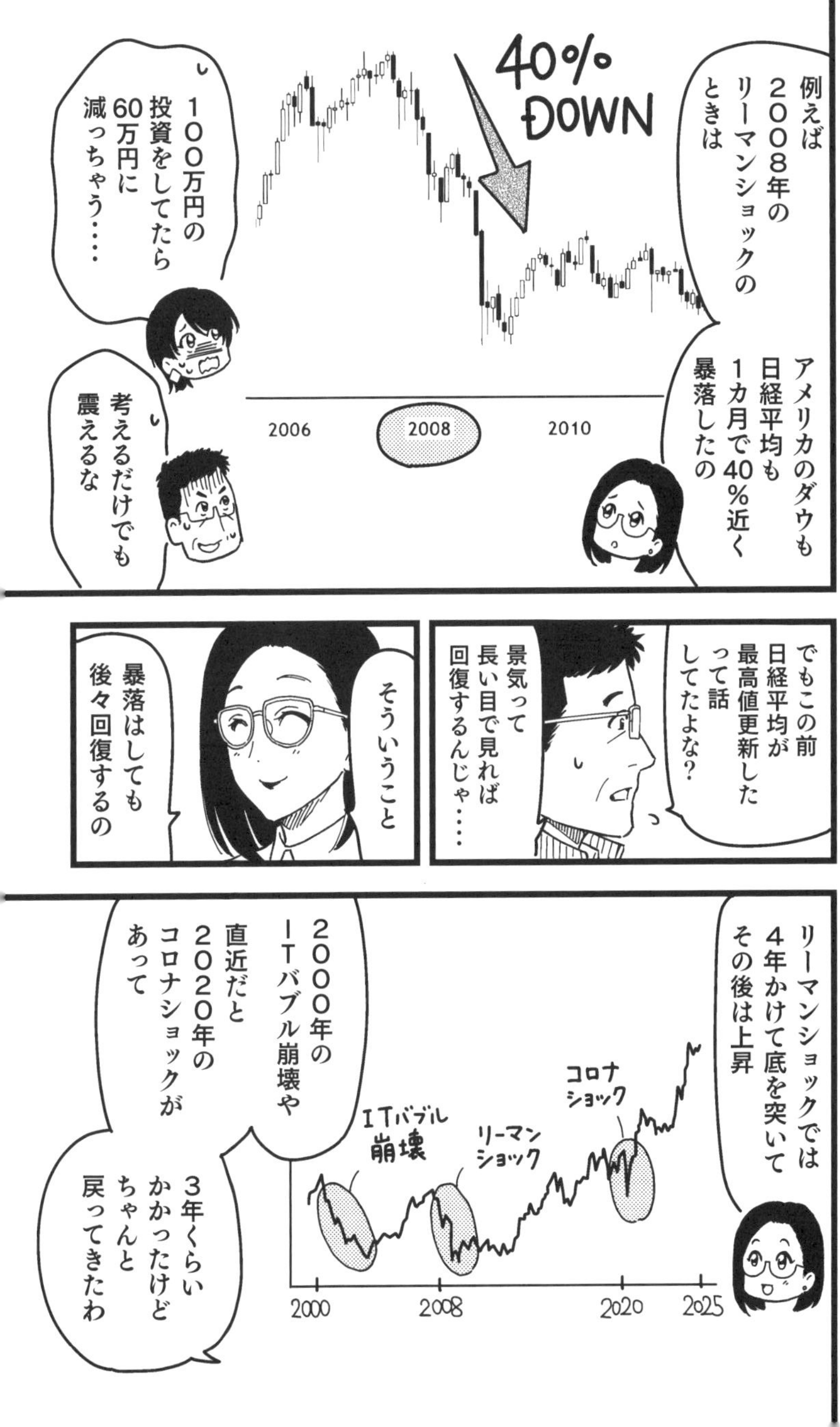
例えば２００８年のリーマンショックのときは
40% DOWN
アメリカのダウも日経平均も1カ月で40%近く暴落したの
2006
2008
2010
１００万円の投資をしてたら60万円に減っちゃう……
考えるだけでも震えるな
でもこの前日経平均が最高値更新したって話してたよな？
景気って長い目で見れば回復するんじゃ……
そういうこと
暴落はしても後々回復するの
リーマンショックでは4年かけて底を突いてその後は上昇
２０００年のＩＴバブル崩壊や直近だと２０２０年のコロナショックがあって
3年くらいかかったけどちゃんと戻ってきたわ
ITバブル崩壊
リーマンショック
コロナショック
2000
2008
2020
2025

相場の動きも暴落のタイミングも読めないけど
こういう事実を知っておけば少しは安心できるね
漠然と怖がってるだけじゃなくて
暴落した理由や期間を知っておくことが大事だな
ってことは
円安の今は外国に投資するオルカンが有利だけど
円安
オルカン
有利
円高
オルカン
不利
もし円高になったらオルカンを持ってる人は損しちゃうってこと?
そうなるわね
為替の影響を避けるための為替ヘッジというしくみもあるけど
オルカンにはないわ

値動きの要因も1つじゃないってことかあ
永遠に円安が続くわけもないし
その逆もそうだよな
為替も大切だけど やっぱり一番重要なのは企業の成長性ね
企業が成長しないとリターンが入ってこないもの
その点オルカンは
先進国や経済成長している国の有力企業の銘柄が詰まってるわ
その企業が全部ダメになってしまう……
のは考えづらいか
ふむ。
iPhoneがなくなってWindowsが使えなくなり
テスラ車がなくなる……
わけないな
そっか!
投資はやっぱり怖いかもって思ってたけど
理由や背景がわかれば
そんなに恐れるものじゃないかも!

01 経済の回復力に支えられる

オルカンは暴落しない？紙切れにならない？

オルカンが大きく価値を失うとすれば……

「株価が暴落して、投資したお金が紙切れになるのでは？」――これは投資を考える多くの人々が最初に抱く不安ではないでしょうか。確かに、株式投資には価格変動のリスクがありますが、オルカンの場合、そのリスクを最小化している点が大きな特徴です。

オルカンは世界50カ国、3000社以上の企業に分散投資しています。例えるなら、世界中のあらゆる場所に少しずつ種をまいているようなものです。一部の地域では不作でも、ほかの地域が豊作なら、全体としては収穫を得られるという考え方です。

オルカンが大きく価値を失うとすれば、**それは世界経済全体が機能停止するような事態**

が起きた場合です。しかし、そのような状況では、株式投資どころか、現金や預金でさえも価値を維持できない可能性が高いでしょう。つまり、オルカンが「紙切れ」になるリスクは、お金そのものが機能しなくなるリスクに等しいとも考えられます。

暴落時でも株価を守るしくみ

では、暴落の可能性はどうでしょうか。確かに、世界の株式市場は時として大きく下落することがあります。例えば、2020年の新型コロナウイルスの感染拡大時には、世界の株式市場は一時的に30%以上、下落しました。

しかし、このような暴落時でも、オルカンには価値を守るしくみが働きます。まず、投資先の3000社以上には、**持続可能なビジネスモデルを持ち、危機を乗り越えるための対策を講じている企業が選ばれています。また、暴落時には政府や中央銀行も経済の安定化のためにさまざまな政策を実施することも、オルカンの価値を守ることにつながります**。実際、過去の暴落を見ても、株価は必ず回復してきました。2008年の金融危機や2020年のコロナショックなど、一時的な暴落を経験しても、世界経済は着実に成長を続けています。オルカンは、そうした世界経済の回復力に支えられているのが特徴です。

02 リーマンショックの教訓

21世紀に入って起こった株価の大暴落とは？

歴史から学ぶ株価暴落、そして回復の教訓

「暴落」という言葉を聞くと、株価が一気にゼロ近くまで下がるイメージを持つ人も多いかもしれません。しかし実際の暴落時、株価はどこまで下がり、その後どうなったのでしょうか。過去の代表的な暴落を見ていきましょう。

最も記憶に新しい暴落は、２０２０年の新型コロナショックです。世界的なパンデミックへの懸念から、世界の株式市場は約1カ月で30％以上、下落しました。しかし、**各国の迅速な経済対策により、その後1年以内に株価は暴落前の水準を回復**しました。

２００８年のリーマンショックでは、世界の株式市場は約半年で50％近く下落しまし

21世紀の株価暴落とその後の回復

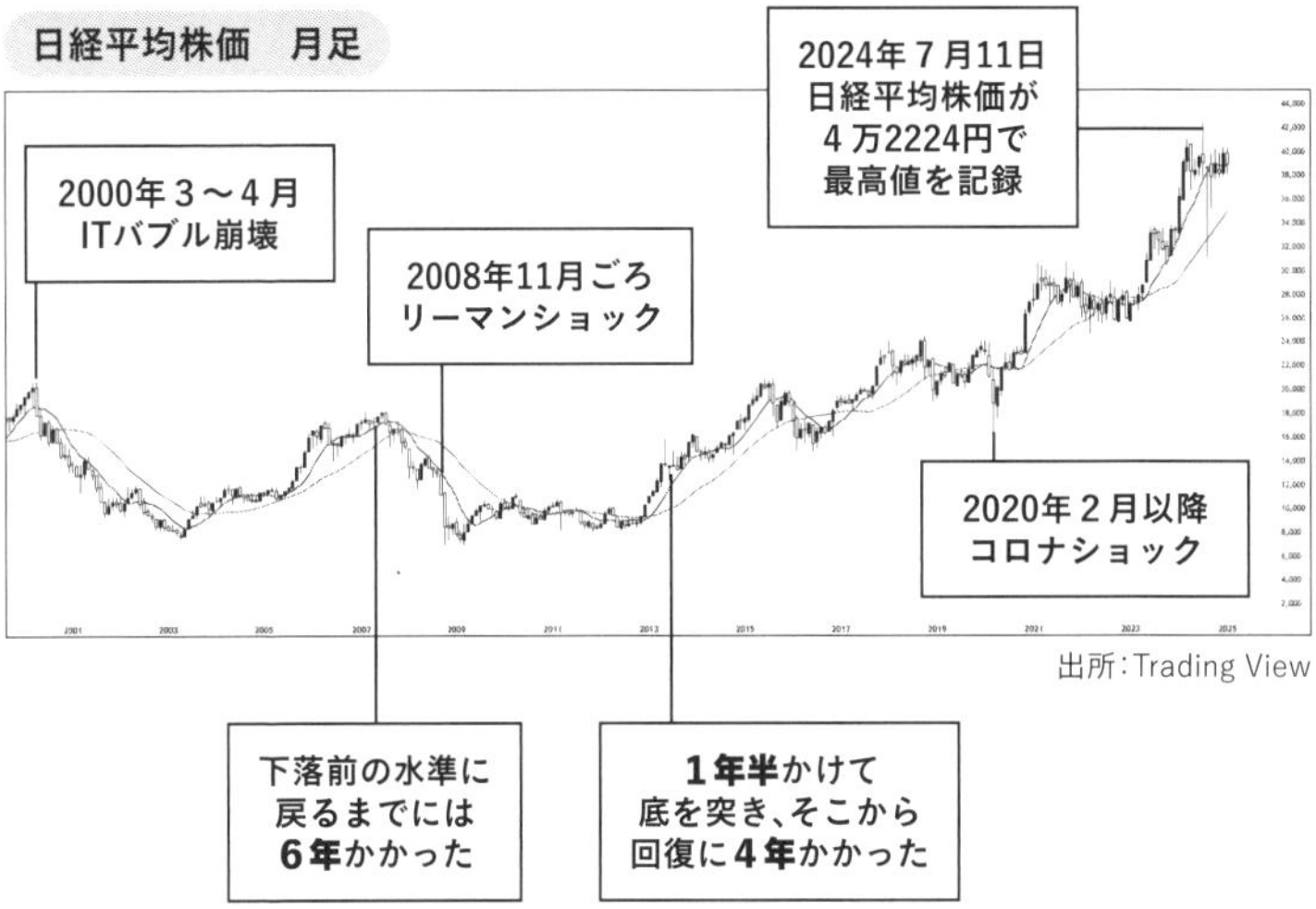

出所：Trading View

た。金融システムへの不安が広がり、回復には約4年を要しましたが、その後の10年間で株価は2倍以上に上昇しています。

さらに遡《さかのぼ》ると、２０００年にはＩＴバブル崩壊が起こり、株価は約60％下落しましたが、その後のＩＴ革命の本格化とともに、株価は着実に回復していきました。

こうした過去の暴落からは、３つの重要な教訓が見えてきます。

①株価はゼロにはなっていない

②暴落からは必ず回復している

③大きな差益を得られる可能性がある

歴史的に見れば、暴落は決して終わりではなく、むしろ長期投資の視点から見ればチャンスと捉えることもできます。

03 時間の力を味方にできるか

相場の動きが読めないのに投資しても大丈夫？

投資のプロでも相場は読めない

「株価が上がるタイミングで買って、下がる前に売れれば絶対儲かるのに……」

これは多くの投資家が考える「理想」ですが、**相場の動きを正確に予測することは、誰にもできません。**株価は世界中の投資家の判断の総和として形成されているため、その動きは、予測するには複雑すぎるのです。

例えば、ある大手企業が好決算を発表したとします。その場合、「想定以上の好決算」だからと株価が上がることもあれば、「すでに株価に織り込み済み（好決算を見越してい た）」という理由で売られ、株価が下がることもあります。また、企業の業績とは無関係な国際情勢の変化と重なり、株価が大きく変動することもあります。世界的な投資家として知られるウォーレン・バフェットも、「市場のタイミングは神のみぞ知る」と明言しています。むしろ、相場を読もうとすることがリスクを高める原因になりかねません。

相場の予測に振り回されない投資とは？

相場の予測は不可能です。しかし、それでも利益を追求することは不可能ではありません。私たちが最も簡単にできるのは、「時間の力」を味方につけることです。

世界経済は10年、20年と長期的に見れば成長を続けていて、株式市場は連動して上昇トレンドにあります。オルカンのように世界へ幅広く投資する商品であれば、短期的な価格変動に一喜一憂する必要はありません。

相場の予測に頼らない投資では、感情に振り回されにくくなります。相場の動きを読もうとすると、どうしても「この値段で買って大丈夫なのか」などと考えてしまい、冷静な判断は難しくなります。日常生活で相場の動きを気にし始めると、そればかりに気を取られてしまうという人もいるでしょう。積立・長期投資であることを意識しておけば、日々の値動きに気を取られすぎることもありません。

04 宣伝文句に隠された意図

「もっと儲かりますよ」と別の商品をすすめられたら？

「もっと儲かります」の言葉の裏側を見抜こう

投資を始めると、銀行や証券会社から「もっと儲かる投資がありますよ」といった誘いを受けることがあります。確かに、オルカンよりも高いリターンを記録している商品は存在します。例えば、ある新興国の株式ファンドは1年で50%以上値上がりしたこともあります。

しかし、立ち止まって考えてみてください。なぜ、そんなに「儲かる」商品があるのに、多くの個人投資家がオルカンを選んでいるのでしょうか。実は、「儲かる」という言葉の裏には、いくつかの重要な視点が隠れています。

そもそも、**金融商品を販売する人にとっての「儲け」とは、手数料が高いこと**を意味します。販売する側にとって手数料が年1・5％の商品は、0・06％のオルカンと比べて25倍もの「儲け」を得られるのです。

高い手数料は投資家の収益を直接減らします。**年間1・5％の手数料では、10年で約15％の収益を失う**ことを意味します。「儲かる」といわれる商品ほど手数料が高い傾向にあり、実は投資家にとって不利なことが少なくないのです。

では、どのように投資商品を選べばよいのでしょうか。重要なのは、「いかに長く相場にいられるか」という視点です。いくら高いリターンが期待できても、リスクが高すぎて安心できないような商品は、長続きしない可能性が高いでしょう。

オルカンの特徴は、世界経済全体の成長に連動する「バランス」です。極端な値上がりは期待できませんが、極端な値下がりのリスクも抑えられています。また、低コストで運用されるため、ローリスクで長期的に見れば着実な資産形成の計画が立てられます。

以上から、投資商品を選ぶときは、第一にその商品のリスクを理解し、受け入れられるかどうか。第二に手数料が適正かどうか。そして、第三に長期的に見て自分に合っているかどうか。この3つを意識するとよいでしょう。

05 米国企業が6割を占める訳

オルカンはアメリカ株の比率が高すぎないか？

世界経済の実態を映し出す投資配分とは？

「オルカンは世界に投資するといいながら、アメリカ企業の比率が高すぎるのでは？」このような疑問を持つ人も多いことでしょう。確かに、オルカンの投資先を見ると、アメリカ企業への投資が約6割を占めています。この数字だけを見ると、「世界全体」への投資とはいえないように感じるかもしれません。

しかし、**この投資配分には明確な理由があって、この配分が世界の経済実態を忠実に反映しているということです。**

アメリカは世界最大の経済大国であり、そのGDP（国内総生産）は世界全体の約25％

を占めています。さらに重要なのは、世界を代表する企業の多くがアメリカに本社を置いているということです。

例えば、アップルやマイクロソフトなどの全世界的なＩＴ企業、コカ・コーラやマクドナルドのような世界的な消費財メーカーなどは、アメリカに本社があっても、実際の事業は世界中で展開しています。

アメリカ企業に投資することは、その企業の世界規模の事業に投資することになるのです。株主として期待できる利益は、グローバルな経済活動の結果ともいえます。

経済の変化に自動的に対応する分散投資

オルカンの投資配分は、世界の株式市場の規模を反映しています。言い換えれば、世界中の投資家が、それぞれの企業の価値を評価した結果としての配分なのです。

もちろん、新興国の経済発展にともない、この配分は徐々に変化していくでしょう。例えば、中国やインドの経済規模が拡大すれば、それらの国の企業への投資比率も自然と高まっていきます。**オルカンは、そうした世界経済の構造変化にも自動的に対応している**点が特徴です。

06 為替ヘッジはどこまで必要？

円安で有利なオルカンは円高が進むと損をする？

「為替ヘッジ」って何だろう？

海外に投資するとき、必ず耳にする言葉が「**為替ヘッジ**」です。海外への投資は、円安時には獲得できる円が増加して有利になりますが、円高になると獲得できる円が少なくなり、損をしてしまいます。こうした為替の変動によって資産が減少するリスクを低減するのが、為替ヘッジの役割です。

為替ヘッジをすると、円高になっても資産は守られます。しかし、その分コストがかかります。特に日本とアメリカの金利差が大きい現在は、年間2～3％程度のコストが必要になることもあります。これは投資信託の手数料として上乗せされるため、その分だけ収益が減ることになります。

オルカンはあえて為替ヘッジをしていません。これには2つの理由があります。

1つ目は、**企業自らが為替ヘッジする力を織り込んでいる**からです。世界の優良企業は、為替の変動に対してさまざまな対策を講じています。例えば、生産拠点を世界各地に分散させたり、販売地域を広げたりして、為替の影響を自然に抑える工夫をしています。

2つ目は、投資コストを抑えるためです。**為替ヘッジのコストを省くことで、年間の手数料を0・06％という低水準に抑えて**います。この低コストこそが、長期的な資産形成には重要な要素となるからです。

長期投資にとって為替ヘッジよりも重要なもの

確かに為替の変動は気になるものです。しかし、**長期投資において本当に重要なのは、企業の成長力**です。世界各国の優良企業は、どのような環境でも成長を続ける力を持っています。

オルカンは、そうした企業の実力に注目し、余計なコストを抑えることで、投資家の実質的なリターンを高めることを目指しているのです。

07 将来性を決める運用規模と流動性

オルカンは途中で販売終了したりしない？

「いつでも買える」を支えるしくみとは？

「せっかく投資を始めても、途中で商品がなくなってしまったら困るな……」

このような不安を持つ人も多いのではないでしょうか。実際、過去には運用資産が少なくなって販売を終了した投資信託もあります。では、オルカンはどうなのでしょうか。

オルカンの特徴の1つは、その運用規模の大きさです。**約5兆円という巨額の資産を運用していて、これは日本の投資信託のなかでもトップクラスの規模**です。

なぜ運用規模が重要なのでしょうか。それは、運用会社の収入に直結するからです。投資信託の運用会社は、運用資産に対して一定割合の手数料を受け取ります。オルカンの場合、5兆円の0・06%、つまり年間約30億円の収入が見込めます。この安定した収入が継続的な運用を可能にしているというわけです。

「いつでも売却できる」かどうかが極めて重要

もう1つ重要なのが「流動性」です。流動性とは、投資家がいつでも売買できるかどうかの度合いの意味でもあります。オルカンは世界の主要な企業に投資しているため、売買が活発で、大口の売却にも対応できます。

投資信託が運用を終了（繰上償還※）する主な理由は、運用規模が小さくなりすぎて、効率的な運用ができなくなる場合です。しかし、オルカンは次の理由から、そのリスクは極めて低いと考えられています。

- **約5兆円という大きな運用規模**
- **年々増加する投資家数**
- **効率的な運用が可能な投資対象**
- **安定した運用収入**

投資信託を選ぶとき、その商品が継続して販売されるかどうかは、重要な判断材料です。オルカンは、規模、流動性、効率性のいずれの面でも高い安定性を備えていて、長期投資の対象として選びやすい商品といえるでしょう。

※**繰上償還**：投資信託の信託期間を予定期限前に終了させること。含み損が出ていても、そのまま清算される

08 長期投資を長続きさせるコツ

「ほったらかし」投資で本当に大丈夫？

「ほったらかし」の本当の意味とは？

投資信託について調べているとよく耳にするのが「ほったらかし投資」という言葉。手間がかからず楽そうなイメージがある一方で、買った投資信託をほったらかすことを不安に感じる人もいるのではないでしょうか。

しかし、**オルカンにおける「ほったらかし」とは、株価の短期的な変動に一喜一憂せず、長期的な視点で投資を続けること**を意味します。

では、具体的にどの程度の関わり方が適切なのでしょうか。実は、投資とつき合う方法は、お金を貯めることとよく似ています。毎月の積立や残高確認は必要ですが、毎日気にしすぎると逆効果になることもあります。

毎月1回、半年に1回……適度な距離感を保つコツ

長期投資で大切なのは、株価の動きに振り回されないことです。毎日株価をチェックしていると、ついつい一時的な変動に心が揺れてしまいます。「今が買いどきでは？」「そろそろ売ったほうがよいのでは？」と判断に迷い、本来の投資方針がぶれてしまう可能性があります。

とはいえ、まったく確認しないわけにもいきません。次のような定期的なチェックポイントを設けることをおすすめします。

毎月1回のチェック

- 積立投資は予定どおり実行されているか
- 口座残高は現在いくらか
- 投資に回すよりも大切かつ特別な出費予定はないか

半年ごとに1回のチェック

- 投資方針は現在の生活に合っているか

・積立金額は適切か
・長期の資金計画に変更はないか

最低限、知っておきたい市場の動き

長期投資では、市場の大きな流れを理解しておくことも重要です。例えば、世界経済に大きな影響を与えそうなニュースがあれば、チェックしておくとよいでしょう。ただし、それによって投資方針を頻繁《ひんぱん》に変更することまでは必要ないでしょう。

むしろ、市場が大きく下落しているときこそ、冷静さを保つことが重要です。過去の経験から、市場は必ず回復するということがわかっています。そのとき、感情的な判断で投資を止めてしまうと、回復の機会を逃してしまう可能性もあります。

長期投資は、植物を育てることに似ています。毎日掘り返して成長を確認するのではなく、適度な水やりと観察でゆっくりと成長を見守る。それが長期投資の本質です。

大切なのは、自分に合った関わり方を見つけること。**必要以上に気にしすぎず、かといってまったく無関心にもならず**――そんなバランスの取れた距離感で、じっくりと資産を育てていくことが、オルカンのような長期分散型投資の秘訣となるのです。

第4章

オルカンの買い方、売り方、つき合い方

長期分散投資を育てるための超基本

よし！
さっそくオルカンを買ってみよう
そういえばオルカンってどうやって買うの？
証券口座から注文するのよ
証券口座？
銀行の預金口座しか持ってない……
まずは口座開設から始めましょう
オルカンは銀行でも買えるけど
NISAを利用して今後いろいろな商品を買うなら
ネット証券会社が便利よ
BANK

えっと……
生年月日と住所と名前を入力して……
トトッ
13:33
氏名　丸山美咲
フリガナ　マルヤマ ミサキ
生年月日　20XXXXXX
住所　XXX
NISA口座
「NISA口座」のチェックを忘れずにね！
これで完了か
あとは明日以降に証券会社から届くメールでログインして
初期設定を済ませれば買えるようになるわ
がしっ
佳奈ちゃん来週もよろしく！
翌週
オルカンっていくつか種類があるんだね
いろんな運用会社の名前があるし
「除く日本」って書いてあるのもある

オルカンはいくつかの運用会社が独自の展開をしているわ
A社
購入時手数料 0円
手数料 0.06%
基準価額※ 1万円
B社
手数料 0.06%
基準価額 2万円
C社
投資対象 除く日本
手数料 0.1%
基準価額 1万円
※投資信託の1口あたりの値段
同じような内容でも
純資産総額や手数料が会社によって異なるの
そうなんだ
とにかく「オルカンを買う」ってこと以外何も考えてなかった
俺はもう決めたぞ
母さんと相談してこの前話した「eMAXIS Slim 全世界株式(オール・カントリー)」に
月1万円ずつ投資することにしたんだ
いつの間に!
何といっても手数料が低いし
純資産総額ランキングも俺たちが見た時点ではトップだったから
これが運用を終了するとは考えにくいしな
メジャーリーグ観戦はこれに託すことにした!

これだけ種類があると比較するのも大変だね
まずは選ぶ基準を決めようか
とにかくコストをかけたくない！
あ！この「楽天・プラス・オールカントリー」
手数料が一番安い！
えっ？0.0561％!?
俺が買おうとしている「eMAXIS」より安いじゃないか
2023年10月から運用を開始した投信ね
純資産総額も順調に伸びてるみたい
よーしっ！まずはこの投信で
月1万円の投資から始めてみる！
はぐっ♪

2カ月後
はぁ〜っ
投資って思ったより儲からないのかも……
始めてまだ2カ月だぞ
大きな値動きはないけどこれからじゃないか？
マイナスにはなってないだろ？
まぁ…
今はプラスだけど……
ビミョ〜にプラス。
頭ではわかっているつもりなんだけど始めたころのワクワクはなくなっちゃったかも
なかなか思うとおりにはいかないな
そういえば
○○社の株価が1カ月で2倍になったってこの前ニュースで見たな
ピョーン
株
のそっ…
投信
投信って上にも下にも振れ幅が小さくって
値上がりが実感しづらいのよね……

今はプラスなんだし
これが続いていけば将来は大きな利益になるさ
もともと少しリスクはあるけど効率的な資産づくりの第一歩として始めたんだもんね
気長にコツコツ積み立てていくかぁ
ガチャ
いらっしゃい
——それで投資のほうはどう?
ちょっと心配になってきたんじゃない?
お見通しか〜

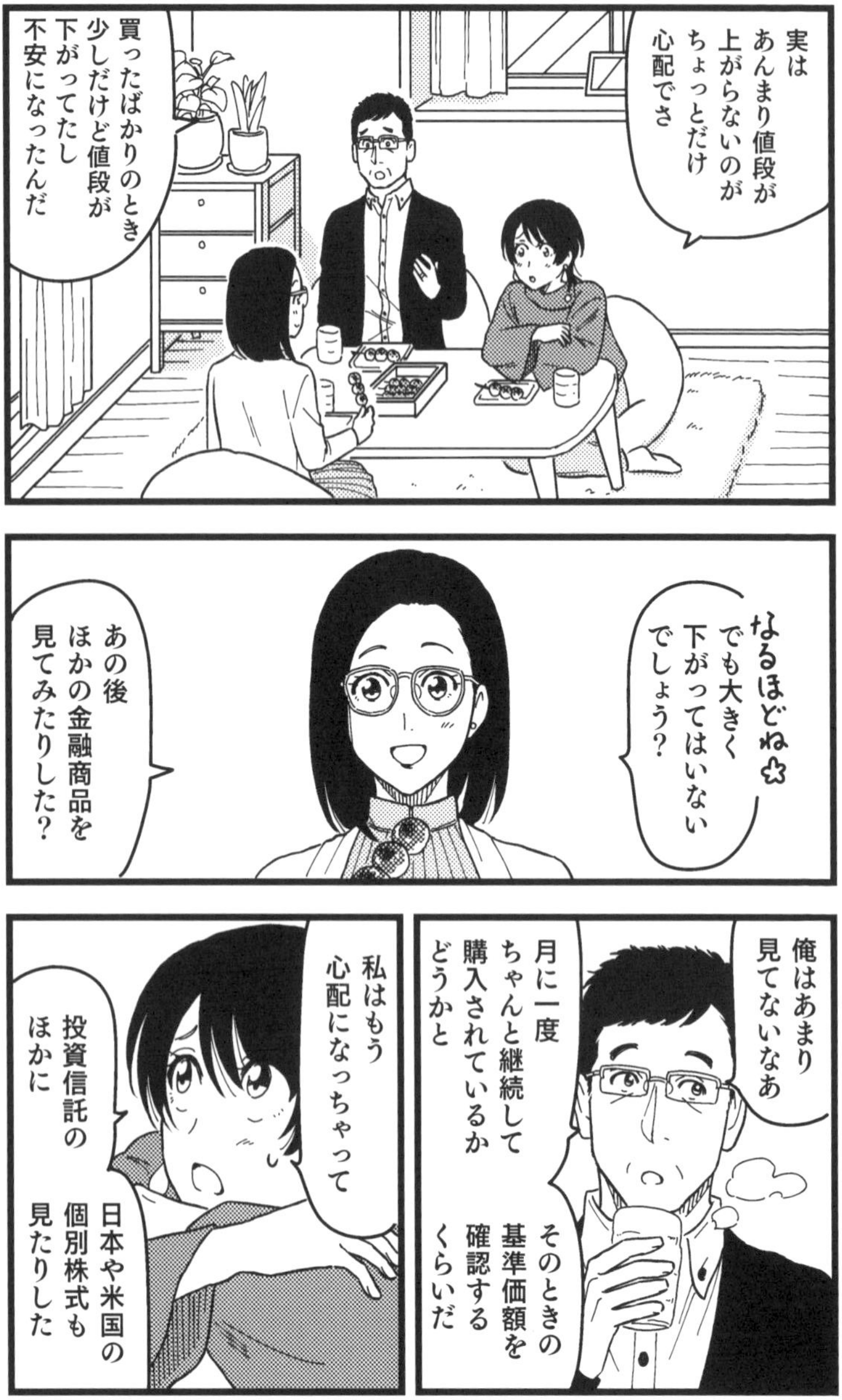
実はあんまり値段が上がらないのがちょっとだけ心配でさ
買ったばかりのとき少しだけど値段が下がってたし不安になったんだ
なるほどね✿でも大きく下がってはいないでしょう?
あの後ほかの金融商品を見てみたりした?
俺はあまり見てないなあ
月に一度ちゃんと継続して購入されているかどうかと
そのときの基準価額を確認するくらいだ
私はもう心配になっちゃって
投資信託のほかに
日本や米国の個別株式も見たりした

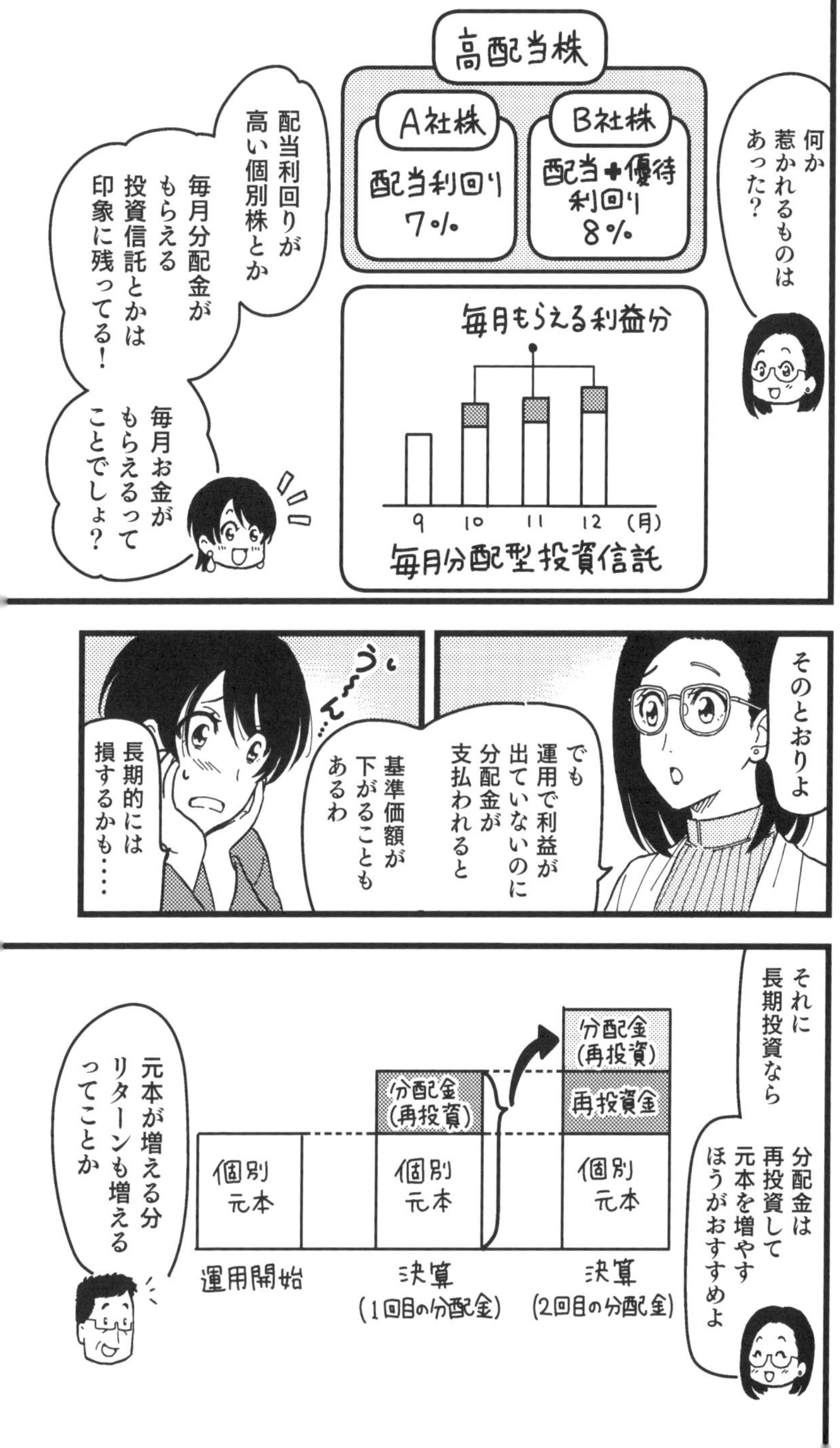

何か惹かれるものはあった？
高配当株
A社株
配当利回り7%
B社株
配当＋優待利回り8%
毎月もらえる利益分
9 10 11 12 (月)
毎月分配型投資信託
配当利回りが高い個別株とか
毎月分配金がもらえる投資信託とかは印象に残ってる！
毎月お金がもらえるってことでしょ？
そのとおりよ
でも運用で利益が出ていないのに分配金が支払われると基準価額が下がることもあるわ
う〜ん…
長期的には損するかも…
それに長期投資なら
分配金は再投資して元本を増やすほうがおすすめよ
分配金(再投資)
再投資金
個別元本
運用開始
決算(1回目の分配金)
決算(2回目の分配金)
元本が増える分リターンも増えるってことか

それから ほかの金融商品に 目をつけているのは グッド！
2人には「コア・サテライト戦略」を紹介するわ
ほかの金融商品も買うの？
？
そのとおり
オルカンをメインに運用しながら
少しだけリスクが高くリターンも大きい金融商品も運用するの
安定的なものをベースにしつつ
ほかの商品でも利益を狙うんだな
いろんな役割の資産を持っておくわけだ
主軸となるコアの商品の周りに衛星《サテライト》を配置する
だから「コア・サテライト戦略」よ
何かかっこいい響き
サテライト
コア
投資信託も国債など
株式
サテライト

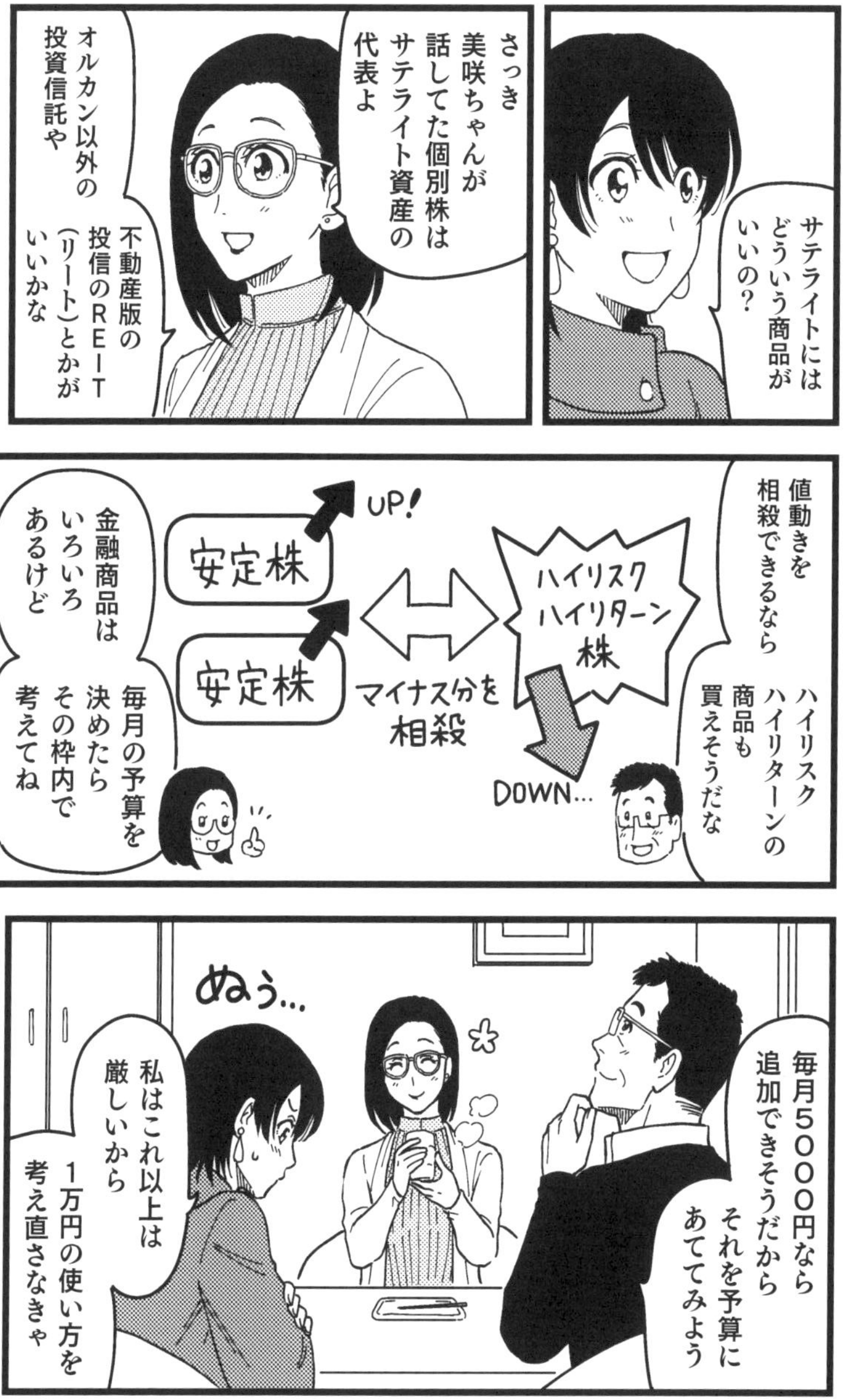
サテライトには どういう商品が いいの？
さっき 美咲ちゃんが 話してた個別株は サテライト資産の 代表よ
オルカン以外の 投資信託や
不動産版の 投信のREIT（リート）とかが いいかな
値動きを 相殺できるなら
ハイリスク ハイリターンの 商品も 買えそうだな
UP!
安定株
安定株
ハイリスク ハイリターン 株
マイナス分を 相殺
DOWN…
金融商品は いろいろ あるけど
毎月の予算を 決めたら その枠内で 考えてね
毎月5000円なら 追加できそうだから
それを予算に あててみよう
ぬぅ…
私はこれ以上は 厳しいから
1万円の使い方を 考え直さなきゃ

01 リスクを下げる3つの基本原則

できる限りリスクを抑えて投資するには?

〝基本原則〟は長期・積立・分散

投資のリスクを下げるための基本原則は、「長期」「積立」「分散」の3つです。これは、世界中の投資家が実践してきた、いわば投資の王道といえる方法です。

まず、「**長期投資**」とは、**最低でも10年、できれば20年、30年という単位で投資を続けること**です。これがよしとされるのは、投資の期間は長ければ長いほど、一時的な市場の変動に左右されにくくなるからです。例えば、1カ月や1年という短い期間では株価は大きく上下することがありますが、10年、20年のスパンで見ると、世界経済の成長とともに株価も上昇していく傾向にあります。

次に「**積立投資**」は、**毎月決まった金額を投資に回す方法で、「毎月1万円ずつオルカンを買い続ける」**といった具合です。この方法はドルコスト平均法とも呼ばれ、利点は、値段の高いときも安いときも平均的に買えることです。株価が高いときは少ない口数しか買えませんが、安いときはたくさんの口数を買えます。結果として、平均的な価格で投資ができるわけです（136ページ参照）。

「卵は1つのかごに盛るな」

そして「**分散投資**」**は、資金をさまざまな対象に分けて投資すること**です。約50カ国の3000以上の企業に投資するオルカンは、この分散投資を体現した商品といえます。

例えば、1つの企業に投資して、その企業が苦境に陥れば大きな損失を被るかもしれません。しかし、3000社に分散して投資していれば、一部の企業が苦境に陥っても、全体への影響は限定的です。「**卵は1つのかごに盛るな**」という投資の格言があります。**かごを分けておけば、かごを1つ落としても、全部の卵が割れてしまうことはありません。**

これら3つの基本原則は、それぞれ単独で実行してもリスクを軽減できますが、組み合わせることで、さらに効果の増幅が期待できます。

02 コア・サテライト戦略

オルカンだけで大丈夫？別の商品との組み合わせは？

「コア・サテライト戦略」という考え方

世界中の企業に投資できるオルカンは、それだけでも十分な分散投資ができる商品です。しかし、より効果的な資産運用を目指すなら、**ほかの投資信託と組み合わせる**という選択肢もあります。投資の世界では、これを「**コア・サテライト戦略**」と呼んでいます。

食事のメニューのように、メイン料理（コア）とつけ合わせ（サテライト）を組み合わせることで、バランスの取れた食事になるのと同じです。投資も同じように、中心となる安定した商品と、それを補完する商品の組み合わせで、よりよい運用が期待できます。

オルカンが70％とすれば残りの30％は……

オルカンは、世界中の企業に分散投資する性質上、コア（中心）部分に適しています。一般的な配分として、全体の70％程度をオルカンに投資し、残りの30％をほかの商品で補完する方法が考えられます。残りの30％（サテライト部分）には、例えば日本株式や新興国株式、不動産版の投資信託であるＲＥＩＴ《リート》などを組み合わせられます。

こうした組み合わせで、オルカンだけでは得られない投資機会を追加できます。日本株式を加えれば身近な日本企業の成長をより直接的に享受できて、新興国株式を組み入れれば、高い経済成長が期待される国々への投資を強化できます。

ただし、投資を始めたばかりの段階であれば、最初からいろいろな商品を組み合わせる必要はありません。

重要なのは、**自分の投資目的やリスクの許容度に合わせて、適切な組み合わせを考えること**です。例えば、リスクを抑えたい人は、オルカンの比率を高めに設定し、サテライト部分は控えめにすることもできます。逆に、ある程度のリスクを取れる人は、サテライト部分の比率を高めることで、より高いリターンを狙うことが可能です。

03 元本割れのリスクと投資期間の関係

オルカンを始めるのに最も適した時期は？

15年以上の長期で見ると変わる投資の果実

世界経済は、短期的には上下の波があっても、長期的には成長を続けています。オルカンのような世界経済に広く投資する商品は、この成長の果実を受け取りやすい特徴があります。金融庁の調査によると、**金融商品を15年以上保有した場合、元本を下回るケースは極めて少なくなる**ことがわかっています。これは、長期投資では短期的な市場の変動に左右されにくくなることを示しています。

「始める時期」ではなく「続ける時間」

期間が長いほど増す投資の効果

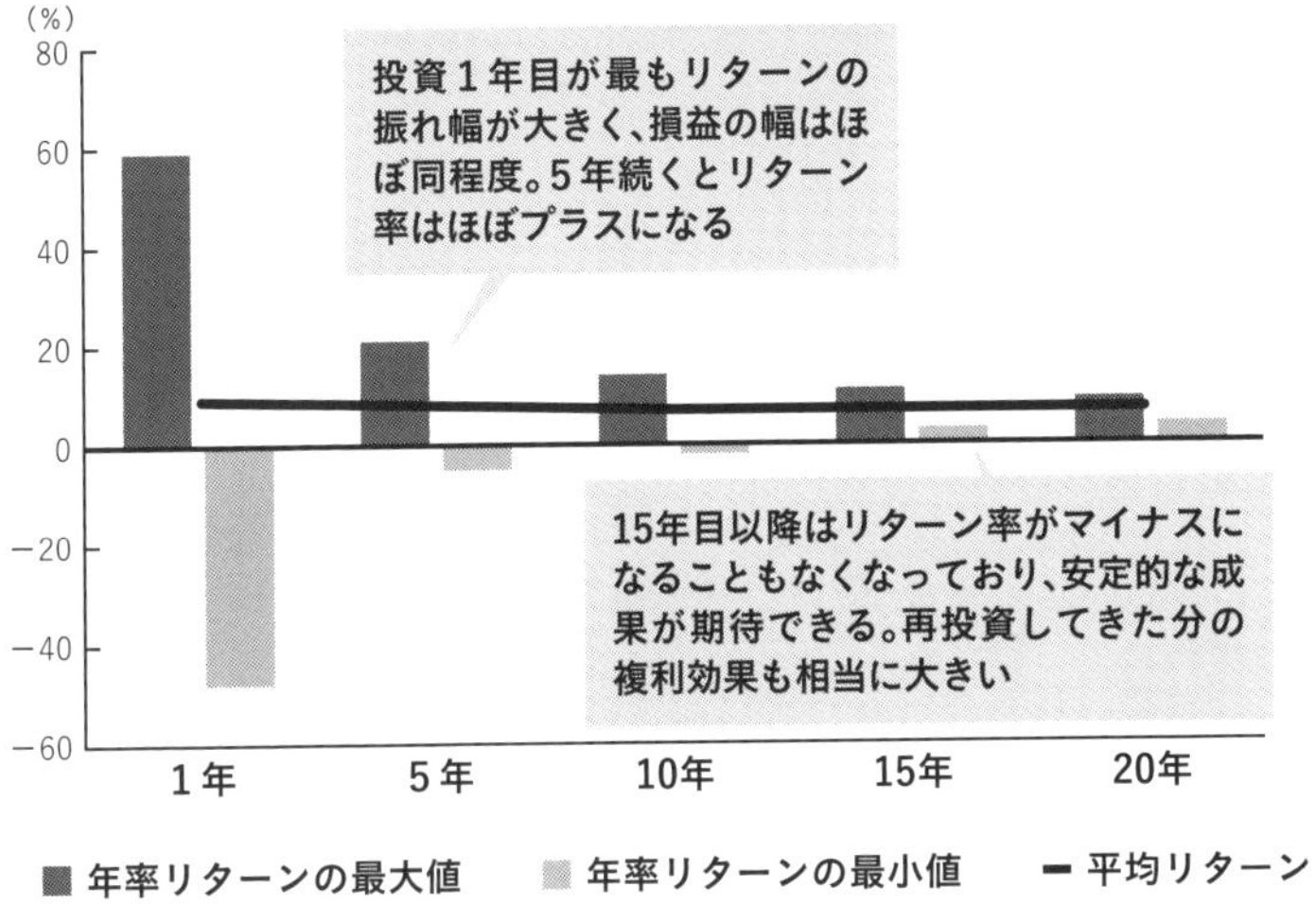
(%)
80
60
40
20
0
−20
−40
−60
投資１年目が最もリターンの振れ幅が大きく、損益の幅はほぼ同程度。５年続くとリターン率はほぼプラスになる
15年目以降はリターン率がマイナスになることもなくなっており、安定的な成果が期待できる。再投資してきた分の複利効果も相当に大きい
１年
５年
10年
15年
20年
年率リターンの最大値
年率リターンの最小値
平均リターン

※Bloombergのデータをもとに野村アセットマネジメントが作成

長期の株式投資で重要なのは、何よりも時間の力です。世界の株式市場は過去30年間で年平均6〜8%程度のリターンを記録してきました。この成長率が続くと仮定すると、投資金額は15年で約2・5倍、20年で約4倍に成長する可能性があります。

投資で損をしたくないという気持ちは自然なものです。投資のタイミングを考えすぎて、なかなか始められない人もいるでしょう。**しかし、長期投資において最も大切なのは、「投資を始める時期」ではなく「投資を続ける時間」**なのです。早く始めれば始めるほど、時間の力を味方につけることができます。

「オルカン」と呼ばれる商品は何種類もあるけれど……

世界経済に投資する「オルカン」の仲間たち

「オルカン」という愛称で親しまれている全世界株式インデックスファンドですが、実はいくつか似た種類の投資信託があります。スーパーマーケットで売っている似たような加工食品でも、メーカーや味、特徴が違うように、**「オルカン」と呼ばれる商品にもさまざまな種類があります。**

「オルカン」という名称は、三菱UFJアセットマネジメントが販売し、商標登録している「eMAXIS Slim 全世界株式（オール・カントリー）」の略称なので、厳密にいうとこの1つだけが「オルカン」ということになるのですが、ほかの運用会社も「オール・カントリー」や「全世界株式」などと銘打った「全世界株式投資信託」を販売しています。それぞれの投資信託は運用会社ごとに信託報酬や時価総額、元とする指標などが異なっているのです。例えば、オルカンは指標としてMSCI ACWIを採用していますが、SBI証券やPayPay証券などが販売する全世界株式投資信託のなかには、FTSEを採用しているものもあります。信託報酬も異なり、オルカンの倍近いコストがかかるものもあれば、オルカンより低コストで運用できる全世界株式投資信託もあります。

どの「オルカン」を選ぶべき？

選び方のポイントは、**主に「手数料（信託報酬）」「運用資産の規模（純資産総額）」「購入のしやすさ」の3つ**です。

手数料が安ければ、その分を効果的に資産運用に回すことができます。また、運用資産の規模が大きければ取引の安定性が増しますし、人気があればあるほど人が集まってくるので、後々の規模の増加による恩恵も期待できます。

細かい部分は自分のリスク許容度や予算、自分なりの戦略や好みに合わせて、最もやりやすいと思えるものを選びましょう。

05 銀行か？証券会社か？

オルカンはどの金融機関で買えばいいか？

購入先の会社によって変わる買い方

オルカンをはじめとした投資信託は、銀行や証券会社で購入することができます。どちらを選ぶべきか、それぞれの特徴を見ていきましょう。

銀行で購入する場合は、**普段使っている口座をそのまま使えます。ATMでの入出金も便利で、定期預金と似た感覚で投資信託を始められます**。また、支店窓口で担当者に直接相談しながら取引できるので、投資に不慣れな人でも安心して始められます。ただし、個別の株式は銀行口座で購入することはできず、証券口座が必要です。

証券会社は商品の選択肢が豊富です。同じような金融商品でも、会社（取引先）によって手数料が異なることもありますが、銀行よりは安く設定されていることが多いです。

証券会社の金融商品の売買はインターネットが中心のため、24時間いつでも取引の注文を出すことができます。夜間や休日でも翌営業日の取引として注文を受け付けてくれるので、仕事が忙しい時でもすき間時間で便利に利用できます。

インターネットで完結でき、店頭に行く手間もないので、証券口座はつくっておくにこしたことはありません。また、証券会社の店頭でも説明は聞くことができます。

購入先の選び方のポイント

取引先を選ぶ際は、次の点を確認するとよいでしょう。

- **取引にかかる手数料はいくらか**
- **インターネットでの取引は可能か**
- **取扱商品の種類は十分か**
- **相談時の体制は整っているか**

最近は、スマートフォンで簡単に口座開設ができる証券会社も増えています。投資初心

主要なネット証券サイトで購入できる全世界株式投資信託（楽天、SBI、松井、マネックス、三菱UFJ eスマート証券）

投資信託名／指数	基準価額	信託報酬 純資産総額	購入できる 金融機関
eMAXIS Slim 全世界株式（オール・カントリー）／MSCI	2万7658円	0.05775% 5兆6084億円	49社
はじめてのNISA・全世界株式インデックス（オール・カントリー）／MSCI	1万4344円	0.05775% 522億円	20社
Tracers MSCI オール・カントリーインデックス（全世界株式）／MSCI	1万6073円	0.05775% 59億円	7社
ステート・ストリート全世界株式インデックス・オープン／MSCI	1万2927円	0.0748% 0.2億円	6社
たわらノーロード　全世界株式／MSCI	2万5754円	0.10989% 278億円	149社
eMAXIS Slim 全世界株式（除く日本）／MSCI	2万8045円	0.05775% 6644億円	28社
Smart-i Select 全世界株式インデックス（除く日本）／MSCI	1万6915円	0.1144% 28億円	13社
楽天・全世界株式インデックス・ファンド／FTSE	2万6349円	0.191% 5805億円	23社
SBI・全世界株式インデックス・ファンド／FTSE	2万5649円	0.1022% 2532億円	13社

2025年2月17日時点

購入先が限定されている全世界株式投資信託

投資信託名／指数	基準価額	信託報酬 純資産総額	購入できる 金融機関
楽天・プラス・オールカントリー株式インデックス・ファンド／MSCI	1万4268円	0.05610% 3424億円	楽天証券
しんきん全世界株式インデックスファンド／MSCI	1万6648円	0.4565% 173億円	信金中央金庫 きのくに信用金庫
全世界超分散株式ファンド／MSCI	1万484円	0.66% 13億円	ゆうちょ銀行
明治安田ゴールドオール・カントリー株式戦略ファンド(ゴルカン)／MSCI	1万129円	1.023% 15億円	中銀証券 中国銀行 南都まほろば銀行
PayPay投資信託インデックス 世界株式／FTSE	1万3595円	0.0911% 2億円	PayPay銀行 PayPay証券

2025年2月17日時点

者向けの解説コンテンツを充実させている会社も多く、自分に合った取引先を見つけやすくなっています。まずは複数の金融機関の特徴を比較してみるとよいでしょう。

投資初心者であれば、まずは自分の投資スタイルを考えてみましょう。対面での相談を重視するなら銀行や対面型証券会社、自分で情報を集めて判断したい場合はインターネット証券会社が向いているかもしれません。大切なのは、長くつき合える取引先を選ぶことです。投資信託は長期で保有することで効果を発揮します。そのため、取引のしやすさや情報提供の充実度など、継続的な取引に適しているかどうかを重視して選びましょう。

06 ドルコスト平均法の活用

オルカンを高値で買うのを避ける方法は？

「ドルコスト平均法」という知恵

「今が買いどきかな？」「もう少し値段が下がるのを待とうかな？」

こうした悩みは、投資を始めようとする多くの人々が抱えがちでしょうが、**実は「ドルコスト平均法」という投資手法を使えば問題解決できる可能性が高い**といえます。

積立投資の際に有効なドルコスト平均法とは、１２４ページでも触れましたが、毎月決まった金額で投資を続ける方法です。値段が高いときは少ない口数を、安いときは多い口数を自動的に購入するため、平均的な価格で投資できるというわけです。例えば、毎月１万円でオルカンを購入する場合の口数を考えてみましょう。

・1口1000円のとき→10口購入
・1口1200円のとき→8口購入
・1口800円のとき→12口購入

右記のように3カ月間投資した場合、購入した口数の合計は30口です。3カ月で約3万円投資しているので、1口あたりの平均購入価格はおよそ1000円となります。

株価は日々変動しますが、このように、毎月決まった金額で投資を続けることで、高いときは少なく、安いときは多く購入し、結果的に平均的な価格での投資が可能になるというわけです。「高値づかみ」を避けたい、でも「タイミングがわからない」という悩みがあれば、この方法は大変有効です。特に、オルカンのような世界経済全体に投資する商品の場合、株価の上下は避けられません。しかし、**定期的に決まった金額で投資を続けることで、その変動を味方につけることができる**のです。

月に3000円や5000円という少額からでも可能な投資ですから、まずは自分に無理のない金額で始めてみるとよいでしょう。

07 ネットで完結 4ステップ

ネットでオルカンを購入する方法を詳しく教えて

4つのステップで簡単購入

インターネットでの投資信託の購入は、ネットショッピングに似た感覚でできます。

STEP1：ログインして投資信託のページへ

証券会社のウェブサイトにログインしたら、「投資信託」のページに進みます。銘柄は商品名やファンドコードで検索するか、ランキングなどから探すことができます。

STEP2：銘柄を選んで買付画面へ

金融商品の詳細ページが開いたら、「買付」ボタンをクリックします。ここから購入手続きが始まります。この時点で基準価額（現在の価格）や運用実績なども確認できます。

ＳＴＥＰ３：購入内容の入力
購入画面では、購入する金融商品をどういう方法で、どの程度買うかを入力します。１円単位で指定ができて、特定口座かＮＩＳＡ口座かといった口座区分を設定できます。また、分配金の再投資設定もここで行ないます。
ＳＴＥＰ４：注文の確定
入力内容を確認し、取引パスワードを入力して注文を確定させます。この時点で目論見書などの重要書類も確認できます。注文が完了すると、翌営業日には購入が完了します。

はじめての人に贈るアドバイス

投資とは、生活費を削ってつぎ込むのではなく余剰金で行なうものです。ましてやはじめのうちは、おこづかいのなかから余った分だけで行なうくらいの感覚でよいでしょう。投資信託は長期戦ですから、**少額からでもフィールドに立てる**金融商品です。本格的に投資したい場合は、資金に余裕ができてからのほうがよいでしょう。
分配金は「再投資」を選択しましょう。後述しますが、再投資を選択することで「複利効果」という、長期投資にとって心強い味方が得られます。

特定口座とNISA口座の違い：特定口座は株などの売買による利益が課税の対象となる。一方、NISA口座は利益に対して課税されない。

STEP1、2

証券会社のサイトにログインし、投資信託のページに移動。銘柄検索では基準価額や純資産額、信託報酬やリターン率など、銘柄の基本要素を確認でき、それぞれ高い順、低い順などで並べ替えることも可能。銘柄を選び、「買付」または「積立」を選択する

購入する金融商品の最終確認。取引種別や預かり区分、購入金額や分配金などを選択し、取引パスワードを入力すると、購入確認がなされ、約定（取引成立）となる

08 基本方針は長期保有で

オルカンはいつ売る？どう利益を確定する？

「現金が必要になるまで売らない」

「オルカンの買い方はわかったけど、売るときはどうする？」

特に、株価が大きく上がったときや下がったときは、売却の判断に迷いがちです。しかし、オルカンのような世界経済全体に投資する商品は、長期保有を前提に設計されていますから、考え方としては「現金が必要になるまで売らない」というのが基本です。

これには2つの明確なメリットがあります。**1つは、世界経済は長期的に見れば成長を続けているため、時間とともに資産が育つ可能性が高いこと。もう1つは、売り買いを繰り返すことで、その都度手数料がかかるのを避ける、**ということです。

とはいえ、いつかは売却することにはなるでしょう。老後の生活資金として必要になったときや、子どもの教育資金、住宅購入の資金が必要なときなど、大きなライフイベントがある場合には、売却を検討してもよいでしょう。そのときは、一度に全額を売却する必要はありません。必要な金額を複数回に分けて売却することも可能です。必要な金額を複数回に分けて売却することで、市場の一時的な変動による影響を抑えられます。

オルカンから利益を得る2つの方法

オルカンで利益を得るには、主に2つの方法があります。

1つ目は、投資先の成長にともない、**基準価額が上昇することで得られる値上がり益**です。1万円で購入した基準価額が2万円になれば、1万円の値上がり益となります。

2つ目は**複利効果**です。これは、**分配金を再投資することで投資額を自動的に増やしていく方法**です。投資の元手が増えるので、さらなる利益を生む可能性があります。

再投資では分配金が出るごとに元本が増え、その増えた分にまた分配金が出ます。これを繰り返していくと、**元本はそのままでも大きな利益**になります。これの上に積立投資で元本を追加していくのですから、その利益はより大きくなります。

09 所得税と信託報酬

オルカンの運用で必ず発生する「コスト」は？

「運用益」から差し引かれる金額

投資で利益が出ると誰でもうれしいものですが、その利益のすべてが手元に残るわけではありません。オルカンに限らず、金融商品を売却した際の差益や配当金、分配金、満期償還での運用益など、投資で得られた利益からは、主に2つのものが差し引かれます。

1つ目は、税金です。投資信託で得た**値上がり益や配当金といった利益には、原則として20・315％の税金がかかります**。これは、株式投資の利益に対する一般的な税率です。10万円の利益が出た場合には、約2万円が税金として差し引かれます。

2つ目は、信託報酬です。これは**投資信託を運用、管理するための手数料で、保有して**

いる期間中、ずっとかかり続けます。

全世界株式投資信託の運用では、商品ごとに細かな差はあるものの、おおよそ毎年0・057%の信託報酬がかかります。この信託報酬は投資信託のなかでも低い水準に設定されています。これは、指標をもとに運用するインデックス運用という効率的な運用方法を採用しているためです。仮に年間100万円を投資した場合には、100万円×0・057%で年間570円、月に48円の手数料が徴収されることになります。もっと運用コストが低い投資信託を買いたい場合は、「楽天・プラス・オールカントリー株式インデックス・ファンド」が、0・0561%と最安値となっています（2025年2月時点）。

長期的な投資ほどコストは抑えられる

こうしたコストは投資にはつきものですが、**頻繁な売買を避けて利益分の税金を減らす、分配金は受け取らず再投資に回す**ことで抑えられます。

オルカンに限らず、金融商品の運用には税金や手数料というコストが発生します。しかし、これらを上回る利益を得られるよう、長期的に投資を続けられるかどうかが大切。コストは投資の一部として受け入れ、できるだけ効率的な運用を心がけたいものです。

10 運用益が非課税になる

オルカンも新NISAで買ったほうがお得？

新NISAの「非課税」ほか3つのメリット

現在のNISAは、2024年から長期投資向け商品との相性が格段によくなりました。オルカンをNISAで購入することには、3つの大きなメリットがあります。

1つ目は、無期限の非課税期間を活かせるということです。オルカンは世界経済の成長を享受するための商品です。**新NISAでは非課税期間が無期限となったため、世界経済の長期的な成長をより効果的に取り込むことができます。**

2つ目は複利効果を最大化できることです。通常の口座では、利益の約20%が税金として差し引かれますが、NISAは非課税です。この差は複利効果につながり、長期投資では大きな違いとなって表われます。例えば、月1万円の投資で毎年10％の利益が出た場合、20年後の課税と非課税の差額は約175万円にものぼります。

3つ目は、オルカンの投資コストの低さとNISAに親和性があることです。低コストで運用できるオルカンでは、NISAの非課税メリットを最大限に活かせます。**手数料が高いと非課税のメリットが手数料で相殺されてしまう可能性がありますが、オルカンならその心配が少なくて済みます。**

新NISA活用の際の重要ポイント

NISAでは、「つみたて投資枠」（年間120万円）と「成長投資枠」（年間240万円）の2つを利用できて、オルカンは両方の枠で購入可能です。**活用のポイントは「長期投資」「積立投資」「分配金は自動で再投資」「投資枠は計画的に使い切る」の4つ**です。

特に積立投資は、一定額を定期的に投資することで、市場の株価などの変動に左右されず、着実に資産を増やしていける可能性があります。

非課税のメリットを活かしながら、世界経済の成長を取り込んでいく。それが、オルカンとNISAを組み合わせる最大の利点となります。

11 節税と複利効果

オルカンが分配金を出さないのはなぜ？

分配金を出さないオルカンの方針

投資信託には、分配金が毎月もらえる商品もあります。投資家にとっては、毎月「おこづかい」のようにお金が手元に入るのでうれしいかもしれませんが、**オルカンは、あえて分配金を出さない方針を取っています。**

実は、分配金は「おこづかい」ではありません。分配金が支払われると、その分だけ投資信託の価格（基準価額）が下がってしまうのです。例えるなら、貯金箱からお金を取り出すようなものです。貯金箱の中身は減りますが、手元に来たお金と合わせれば、総額は変わらないのです。

分配金を出さない本質的な理由

オルカンが分配金を出さない理由は、投資家の長期的な利益を考えた上でのことです。その理由は、**「複利効果の最大化」と「税金の最適化」**です。

分配金を受け取らずに再投資すると、より大きな複利効果が期待できます。例えば、100万円の投資から年5%の収益が出た場合を考えてみましょう。**分配金を受け取ると手元に5万円が入り、元本は100万円のままです。対して、この5万円を再投資すると、元本を105万円で始められ、投資の効果が上昇します。**

また、分配金を受け取る際には、その都度、約20%の税金がかかります。NISAを利用すれば非課税になりますが、その分の非課税枠は埋まってしまいます。**課税口座でも、分配金を出さなければ、売却時まで課税を繰り延べることができます。**

オルカンは、受け取った配当金などを自動的に再投資します。この方法なら、投資家が何か特別な操作をする必要はなく、少額でも複利の恩恵を受けられるメリットがあります。毎月1万円を積み立てる場合でも分配金は自動的に再投資されるため、実質的な投資額は徐々に増えていき、投資期間が長くなるほど、その効果も大きくなっていきます。

12 為替のリスクを抑制する機能

為替ヘッジのアリとナシどちらを買うべき?

オルカンはなぜ為替ヘッジをしない?

第3章でも少し触れましたが、オルカンは為替ヘッジをしていません。オルカンが為替ヘッジを行なわない理由は、前述したコスト削減に加え、「通貨分散」と「企業のヘッジ機能」などが挙げられます。

通貨分散:世界各国の通貨に分散投資することで、特定の通貨の変動リスクを抑えることができます。例えば、円がある国の通貨と比較して円高になっても、別の国との通貨と比較して円安になることで、為替の影響が相殺される可能性があります。

企業のヘッジ機能:世界の優良企業の多くは、生産拠点を世界各地に分散させたり、現地通貨での取引を増やしたりすることで、すでに為替リスクに対応しています。

為替の影響は、長期投資の視点で見ると対応しやすくなります。為替レートは長期的に見れば上下を繰り返す傾向があり、時間とともにその変動の影響は平均化されていくと考えられるのです。また、円安の状態では円が安くなる分、外国の通貨の価値は高くなります。その状態で外貨を円に換えれば、円がより多く手に入ります。円安で輸入品が値上がりしても、多く獲得した円があるため、実質的な購買力は保たれやすくなっています。

以上のように、**オルカンには為替ヘッジをしなくても、為替の影響が少なくなる性質が備わっているの**です。

単一国ならヘッジ有りがいい場合もある

逆にいうと、こうした分散効果による為替の影響を小さくできないような投資信託では、為替ヘッジをしたほうがより効果的な場合もあるということになります。

例えば、アメリカの上場企業を集めたS&P500やインドのNifty50といった、経済的な恩恵が大きい国の投資信託であれば、ヘッジありにして**為替の影響は一切排除し、純粋に利益だけを追う**ということも選択肢に入ってくるでしょう。

13 「儲かった！」の3つの落とし穴

投資の「含み益」と「儲け」はどう違う？

投資の〝成果〟は正しく理解しよう

「株価が上がって20万円の含み益が出た！　じゃあ、この分でちょっと贅沢してもいいかな」

投資を始めると、このような考えに誘惑されがちです。しかし、これは**投資の利益を正しく理解していない投資家によく見られる誤解**です。ここでは、投資の成果を正しく理解し、適切に判断するためのポイントを見ていきます。

「含み益」は「儲け」ではない

投資をしていると、時として大きな含み益が出ることがあります。例えば、100万円の投資が120万円まで増えた場合、「20万円儲かった！」と考えがちです。しかし、ここには3つの落とし穴があります。

1つ目は、**含み益はあくまでも「含み」であり、実現していない利益**です。株価は日々変動するため、今日20万円の含み益があっても、明日には減っているかもしれません。「20万円儲かったから、その分を使って買い物をしよう」という考えは危険です。

2つ目は、実際に売却して利益を確定させた場合でも、手元に残る金額は含み益より少なくなることです。特定口座の場合、約20％の税金が差し引かれるため、20万円の利益があっても、手元に残るのは約16万円です。

3つ目は、海外投資の場合、売却のタイミングによっては、為替の影響で円換算の利益が大きく変動する可能性があることです。世界経済全体としては成長していても、一時的な円高で利益が目減りすることもあるのです。

「毎月分配型の投資信託なら、定期的に収入が得られる」という考え方も要注意です。分配金は投資信託の純資産から支払われるため、その分だけ基準価額は下がります。例えば、

・基準価額1万円の投資信託から
・分配金500円が支払われると
・基準価額は9500円に下がる

つまり、分配金は「新たな収入」ではなく、自分の資産の一部が還元されているだけなのです。また、分配金にも約20％の税金がかかりますから、500円の分配金なら、手元に残るのは約400円となります。

成果は長期的な視点で評価したい

オルカンのような世界経済全体に投資する商品は、短期的な値動きではなく、長期的な成果で評価することが重要です。**5年、10年という長期で見ると、世界経済の実質的な成長を反映した結果が得られやすくなります。**

投資の成果を評価する際は、このような長期的な視点が欠かせません。目先の損得にとらわれすぎると、本来の投資目的を見失ってしまう可能性があります。大切なのは、自分の投資目的に照らし合わせて、適切な時間軸で成果を評価することです。

第5章

もっと分散投資を強化したい！

オルカンだけじゃない世界のインデックス投信

01 1本のみのリスクを避ける

オルカンと組み合わせたい投資信託

安定成長のアメリカ、先進国企業全体……

ここまでオルカンを中心に長期分散投資について書いてきましたが、金融資産をオルカンに限定するのは、やはりリスクがともないます。この最終章では、オルカンと組み合わせたい投資信託を紹介しておきます。

身近なものとして、**日本の株式市場に投資する日経平均株価連動型の投資信託**があります。日本を代表する225社の株価に連動するため、国内経済の動向を直接反映した値動きになる投資信託です。また、世界経済をリードする企業の成長に注目するなら、**アメリカの代表的な500社に投資するS&P500連動型の投資信託**があります。

新興国や不動産の投資信託も

成長著しい新興国市場に投資したい場合は、インドのＮｉｆｔｙ50指数に連動する投資信託があります。インド経済の中核を担う50社の株価に連動するため、新興国市場の高い成長性に期待がかけられます。

株式以外では、**不動産投資信託（REIT）という、オフィスビルやマンションなどの不動産に投資する商品**もあります。ＲＥＩＴは株式とは異なる値動きをする特徴があり、インフレに強い性質を持っています。

第4章では「コア・サテライト戦略」について触れましたが、具体的にはどのような組み合わせ方が考えられるでしょうか。例えば、オルカンを中心に据えながら、日本株式に投資する商品を加えることで、身近な日本企業の成長に、より直接的に期待をかけられます。また、新興国株式に投資する商品と組み合わせることで、高い経済成長が期待できる国々への投資を強化できます。ただし、投資を始めたばかりの人は、最初からいろいろな商品を組み合わせる必要はありません。まずはオルカンから始めて、投資に慣れてから徐々にほかの商品を追加していくほうが賢明でしょう。

02 規模・人気・運用コスト

投資信託を選ぶときの3つの比較ポイントとは？

投資信託選びの3つの重要ポイント

さて第4章では、投資信託の選び方・ポイントを解説してきましたが、ここで改めて、個別の投資信託を買うときに見ておきたい3つのチェック項目を解説しておきます。

1つ目は、**運用コストの確認**です。信託報酬は金融商品ごとに、1年ごとにかかる手数料です。これが高すぎると長期投資では利益効率が下がってしまいますから、なるべく低コストのものがよいでしょう。

2つ目は、**運用資産の規模**です。投資家から集まった資産の総額を表わしていて、高ければ高いほど投資家から人気があり、流動性が高いため、取引も安定的に行なえます。

3つ目は、投資家からの人気具合を表わした**レーダーチャート**です。投資の世界では、人気のある商品に投資家が集まるのが一般的ですから、レーダーチャートの評価が高いと、それだけ多くの人に支持されているという安心材料になります。

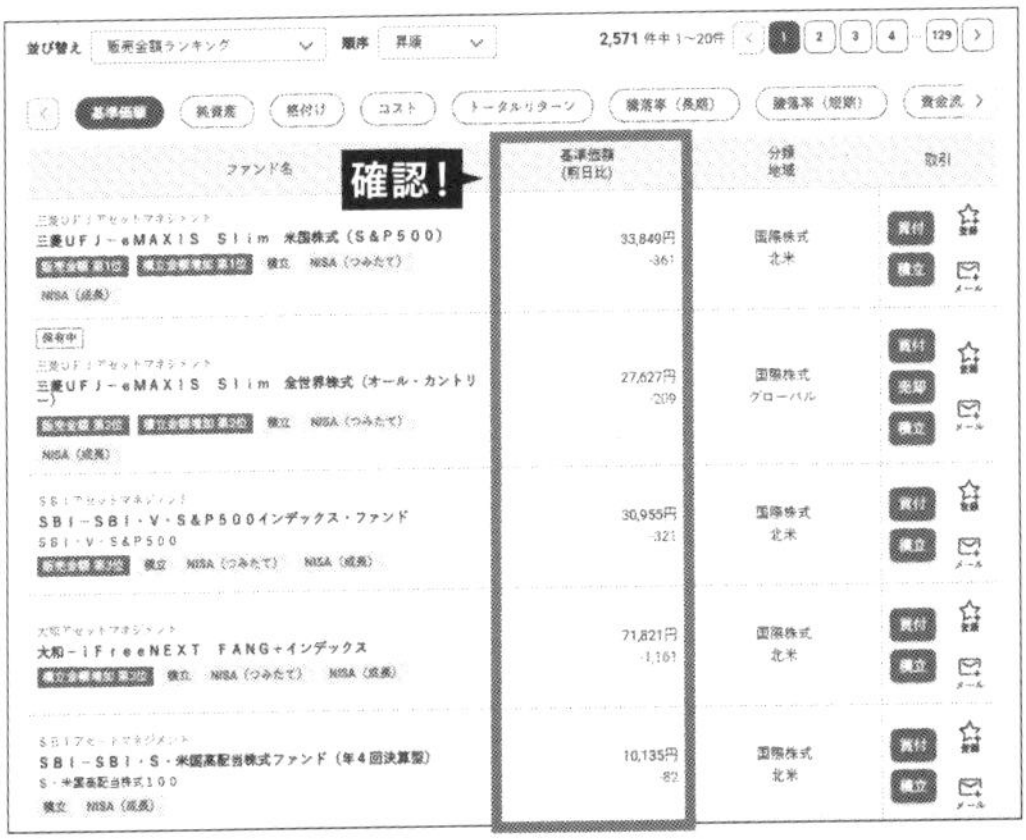

SBI証券の投資信託の購入画面。「ファンド検索」画面で、基準価額や純資産総額ごとに並び替えができる。投資信託の一覧では「基準価額」や「トータルリターン」「純資産増加額」などを高い・多い順に並び替えができる。自分の気になる項目で並べ替えて、投資信託を探せる

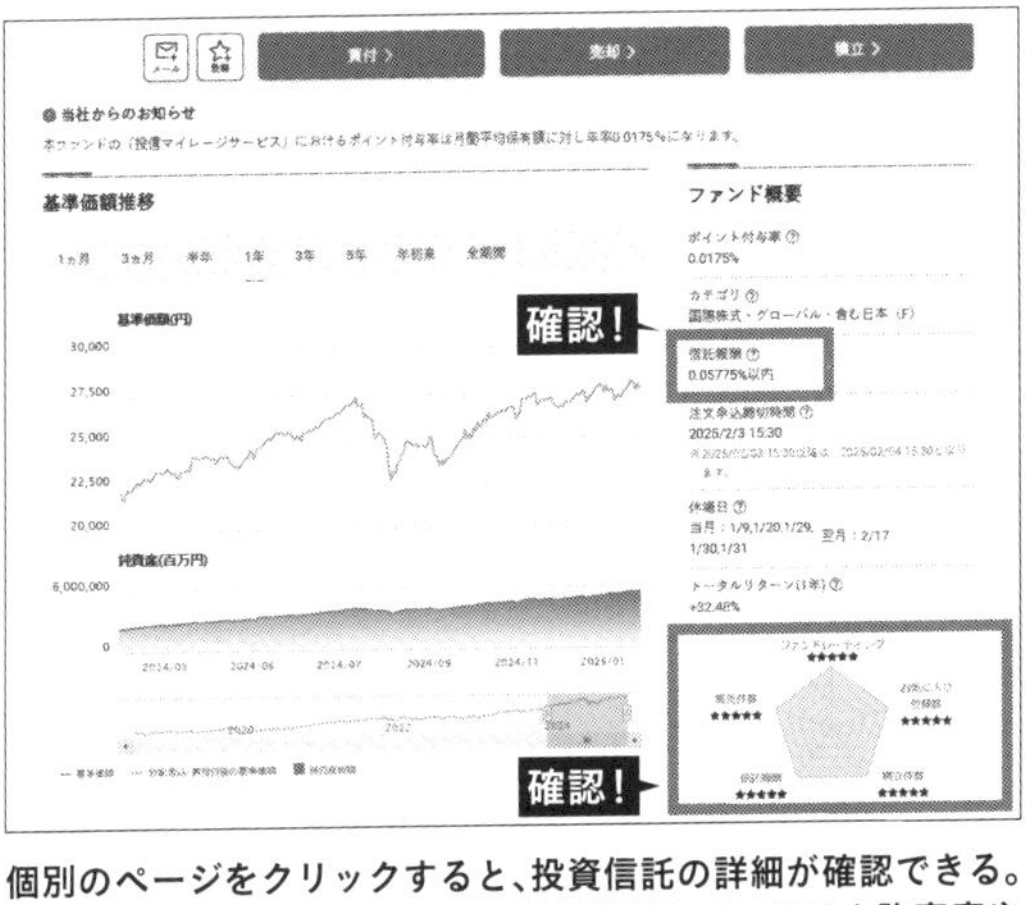

個別のページをクリックすると、投資信託の詳細が確認できる。信託報酬とファンドレーティングを確認して、リスク許容度やファンドの人気度などを確認し、投資の材料にしよう

03 日本の経済指標に

日本経済に投資するなら「日経平均株価」

日本を代表する225社の平均株価に連動

日本の株式市場を代表する指標として知られる日経平均株価は、東京証券取引所に上場する225社の株価平均を表わしています。指数はオルカンが採用するMSCI ACWIとは異なり、「株価の高さ」をもとに算出されます。常に変動する株価と同じように動くため短期的な動きを追いやすいのが特徴で、さまざまな業種からバランスよく企業が選ばれています。例えば、私たちの生活に身近なトヨタ自動車やソニー、ユニクロの運営会社であるファーストリテイリングなどが含まれています。**これらの企業の株価を見ることで、日本経済の健康状態を確認**できます。過去5年間の実績としては、年平均約5%のリターンを記録していて、中程度のリスクと比較的安定したリターンが特徴です。

「日経225連動型上場投信」ほか

個人投資家に特に人気なのは投資信託です。例えば、「日経225連動型上場投信」や「大和ストック インデックス 225 ファンド」といった商品があります。これらの投資信託は日経平均株価に連動することを目指しており、信託報酬も年間0・11〜0・15％程度と比較的、低く抑えられています。

日本企業への投資には、いくつかの魅力があります。世界第3位の経済大国である日本の株式市場には、長年にわたって築かれた技術力と安定性のある企業が上場しています。**特に製造業では、今でも世界トップクラスの技術力を持つ企業が多く、グローバル市場でも高い競争力を維持**しています。また、日本企業は株主還元にも積極的です。多くの企業が安定的な配当金の支払いを重視しており、株主優待制度を設けている企業も多いです。

日経平均株価の構成銘柄は定期的に見直されるため、時代の変化に合わせて新しい成長企業が組み入れられます。かつての重厚長大産業中心から、近年は情報技術やサービス業など、新しい産業の比重が高まっており、常に日本経済の現状を反映し続けています。

04 アメリカの経済指標に

世界的企業に投資するなら「S&P500」

世界最大の株式市場を映し出す「S&P500」

アメリカの代表的な株価指数S&P500はアメリカを代表する500社で構成されています。MSCI ACWIと同じように時価総額が指数に影響しやすい方法で算出されているため、アメリカ市場の実態が表わされているともいえます。特にアップルやマイクロソフトなど、**世界を代表するテクノロジー企業が数多く含まれているのが特徴**です。実際、情報技術関連企業が全体の27・4%を占めていて、アメリカ企業のIT技術の高さがうかがえます。こうした企業の影響力は絶大で、スマートフォンやパソコン、インターネットサービスなどの多くが、S&P500に含まれる企業から提供されています。

過去5年で年平均10%のリターン

Ｓ＆Ｐ５００の過去5年間の実績を見ると、**年平均約10%というリターンを記録**しています。これは日本や欧州の株式市場と比べても高い水準です。もちろん、高いリターンが期待できる分、値動きも大きくなる傾向がありますが、世界最大の株式市場ならではのダイナミックな成長を感じることができるのも、Ｓ＆Ｐ５００への投資の特徴です。

投資方法としては、Ｓ＆Ｐ５００に連動する投資信託が一般的で、「Ｓ＆Ｐ５００ ＥＴＦ（ＳＰＹ）」や「ｅＭＡＸＩＳ Ｓｌｉｍ 米国株式（Ｓ＆Ｐ５００）」などが代表的です。信託報酬が年間０・03〜０・１%程度とかなり低いのも特徴で、極めて効率的に世界最大の株式市場へ投資できる手段として、人気を集めています。

また、Ｓ＆Ｐ５００の構成銘柄は四半期（３カ月）ごとに見直されます。時価総額や流動性などの基準に沿って銘柄が選定され、**常に時代の最先端を行く企業が含まれるよう調整されており**、アメリカ経済の成長力を効率的に捉えようとしています。

ただし、アメリカ市場への投資にはオルカンと同様、為替の影響も考慮する必要があります。円安が進むと円換算での資産価値は増加し、円高の場合は資産価値が減少します。

05 インドの経済指標に

注目のインドに投資するなら「Ｎｉｆｔｙ50指数」

インド株式市場の可能性とは？

新興国市場のなかでも、特に注目を集めているのがインドの株式市場です。インドの代表的な株価指数である「Ｎｉｆｔｙ50指数」は、インド経済の中核を担う大手企業50社で構成されています。金融とＩＴ産業が中心で、金融が約30％、ＩＴ関連企業が約15％を占めているのが特徴です。

Ｎｉｆｔｙ50指数に含まれる企業のなかで、特に注目すべき企業としては、ＨＤＦＣ銀行（金融）、リライアンス・インダストリーズ（エネルギー）、ＩＣＩＣＩ銀行（金融）、インフォシス（ＩＴ）、ＩＴＣ（消費財）などがあります。これらの企業は、インドの経済成長を牽引する重要な存在で、Ｎｉｆｔｙ50指数に大きく影響しています。

インド市場の魅力は、何といってもその成長力です。**過去5年間の実績を見ると、年平均約8%というリターンを記録**しています。これは先進国市場と比べても高い水準で、14億人という巨大な人口を背景にした経済成長を反映しています。

「Nifty50 ETF」「iFreeETF インドNifty50」

インド株式市場への投資方法としては、Ｎｉｆｔｙ50指数に連動する投資信託があります。例えば、「iシェアーズ Ｎｉｆｔｙ50インド株 ＥＴＦ」や「iＦｒｅｅＥＴＦ インドＮｉｆｔｙ50」といった商品が代表的です。

ただし、新興国市場への投資に際しては、**先進国市場と比べて値動きが大きいため想定外の挙動になったり、政治的な変化や規制の変更などの影響を受けやすい**などといった、独特の注意点もあります。

インド市場の投資信託では、年に一度、銘柄見直しが行なわれています。その際、成長性や時価総額、流動性などが考慮され、より有望な企業が新たに組み入れられます。定期的な見直しで、インド経済の発展をより適切に反映できるしくみとなっています。

06 不動産市場に連動させる

株式以外に投資するなら不動産投資信託「REIT」

年平均7%のリターン実績も

株式以外の投資対象として注目されているのが、不動産投資信託（REIT）です。REITは、オフィスビルやショッピングモール、マンションなどの不動産に投資する金融商品です。その代表的な指標が「S&P 先進国REIT指数」で、アメリカ、カナダ、オーストラリア、欧州など、先進国の主要なREITで構成されています。

過去5年間では、年平均約7%のリターンを記録した実績があり、不動産市場の安定性と、賃料収入による定期的な分配金が反映されています。**REITの分配金は不動産の賃料収入がもとになっているため、景気の変動に左右されにくい**のも特徴です。S&P 先進国REITに投資する方法としては、連動する投資信託が便利です。例えば、「外国REIT・S&P先進国REIT指数」や「eMAXIS Slim 先進国REIT」といった商品があり、信託報酬も年間0・1～0・2％程度と比較的低く、少額から始められます。これらの商品は指数がMSCI ACWIと同じ時価総額基準なので、規模の大きな優良REITの影響を適切に反映できます。また、上場商品なので取引所で簡単に売買でき、流動性も高いのが特徴です。

REITはインフレに強い

REITの大きな特徴の1つが、インフレへの耐性です。**物価が上昇すると、不動産の賃料も上がる傾向があり、それが分配金の増加につながります。このため、インフレ環境下でも比較的安定した収益**を期待できます。

ただし、REITにも固有のリスクがあります。不動産市場全体の動向に影響を受けるため、景気後退期には価格が下落することがあります。また、金利の上昇は、REITの資金調達コストを上げる要因となります。海外のREITに投資する場合は、為替変動の影響も受けます。

この書類は仕様を書くのを忘れずにね
はい　ありがとうございます美咲先輩
ガタン
ゴトン
今月は値下がりしてる
少し多めの口数が買えるな
値段が上がれば少ない口数を買って
下がればたくさん買う……と
UP
少し買う
DOWN…
たくさん買う
迷わず買えるからストレスがない

こんにちは
投資は順調？
お給料が上がって少し余裕が出たから
投資先を増やそうと思って経済大伸びのインドに投資中！
「iFreeNEXT」を月2000円だけど
十分よ 投資は「時間」が大きな味方になる
時間に育ててもらいましょう
俺には時間がないからなあ

まだ20年以上投資するんだから焦りは禁物
叔父さんは何を買ってるの？
REIT 5%
その他 5%
日本国債 10%
米国株 5%
オルカン 60%
日本株 15%
オルカンを少しだけ増やしてREITも始めたんだ
REITなら気軽に不動産投資を始められるし
なるほど
それにしても2人とも落ち着いてるね
てっきりまた泣きつかれるかと思ったんだけど
だって下がることもあれば上がることもあるし
1年経ったら買ったときより少し上がっていたからな
一度ボーナスが出たときに個別株を買ったんだけど……
あのときは毎日大変だったな
——どうした美咲？

何か
うれしそうだな
この日まで
株を持ってると
配当がもらえるの！
翌日
えええ!?
株価が
下がってる！
ブッ！
早く
売らなきゃ！
それは
「権利落ち日」ね
配当を
もらえることが
決まった翌日に
売る人が増えて
値下がりした
ってわけ
権利付き
最終日
株価
権利獲得
権利落ち
権利狙いで
買い注文が増加
株価も上昇傾向
時間
いろんなルールが
あるんだぁ……
勉強してから
またチャレンジ
してみる
とほ〜

もうしばらくは値動きの安定したインデックスファンド(投信)を積み立てていって
コアを盤石にしよう
うん
それに貯金ももう少ししておかなきゃ
何で？
もう少ししたらひとり暮らししようかと
……えっ？
そ、そうなの？
何驚いてるのよ
美咲は立派な社会人よ
ライフプランに合わせて金融資産のバランスを考えるのは大切よ
さすがは美咲ちゃん

5年後
こんないいところでご馳走になって大丈夫なの？
もちろん！
佳奈ちゃんのおかげで投資も順調だし
将来も大事だけど今も楽しまないとね
この間サテライト資産として買っていた個別株を売って利益が出たの
新商品が出るタイミングでぐっと値段が上がったから
それはよかった
ずいぶん勉強してるのね
オルカンはまだ持ってるわよ
買ってから毎年10%くらいは上がってるみたい
余裕が出てきたね
証券会社は金融商品を売るのが仕事だから
そのためにいろいろなキャンペーンをしたり
メールしたりしてくるかもしれないわ

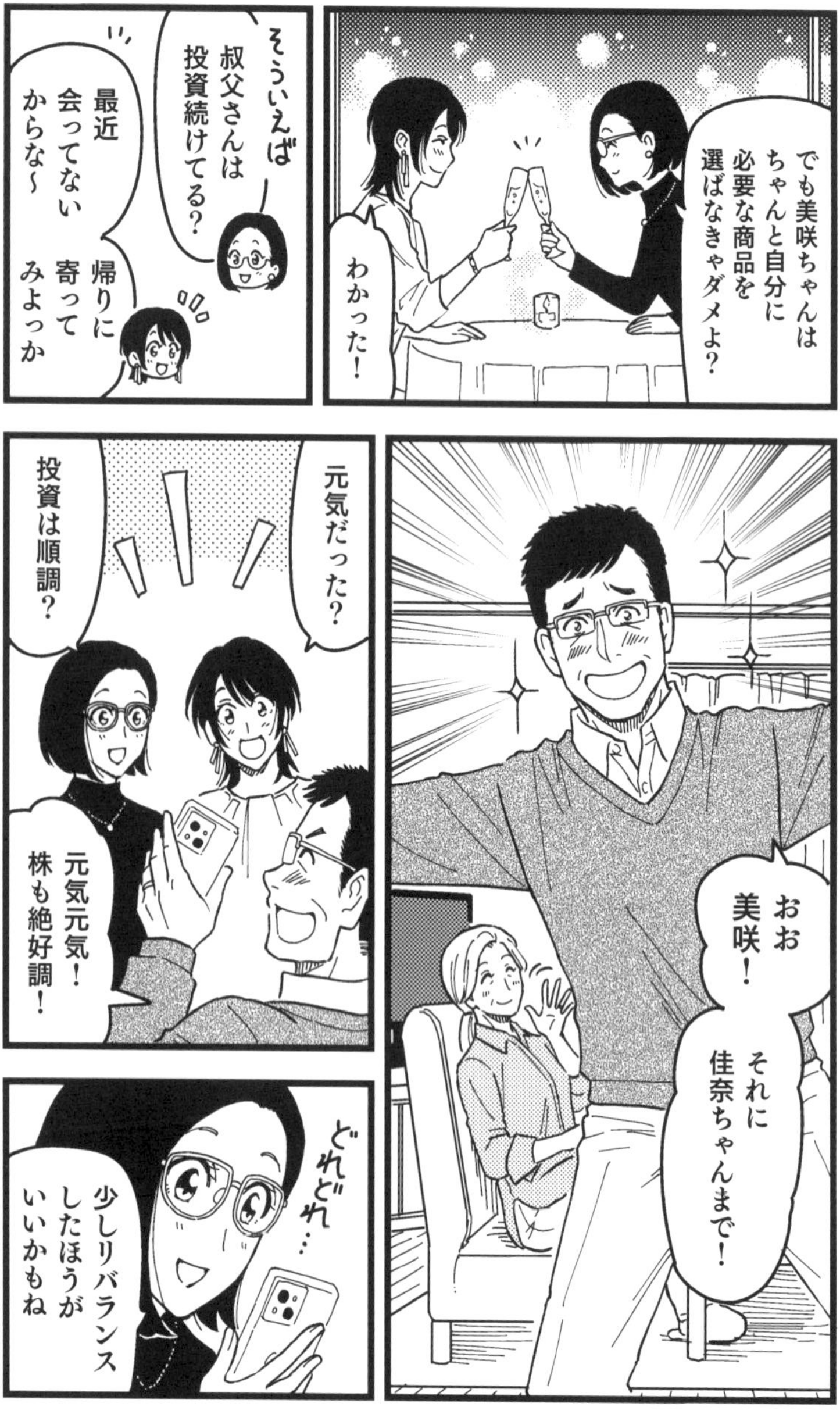
でも美咲ちゃんはちゃんと自分に必要な商品を選ばなきゃダメよ？
わかった！
そういえば叔父さんは投資続けてる？
最近会ってないからな～
帰りに寄ってみよっか
おお美咲！
それに佳奈ちゃんまで！
元気だった？
投資は順調？
元気元気！株も絶好調！
どれどれ…
少しリバランスしたほうがいいかもね

株は大きく下がることもあるから
リスク高め
国債
投信
株
ちょっとリスクが高いポートフォリオになってるかも
バランス◎
国債
投信
株
なるほど
株を少し売ってもう少し国債を増やしておくか
オルカンは買ってる?
ずっと同じ額で買い続けてるみたいよ
私が同行する分の利益も出してもらわないと
まかせろ!
最近少し停滞気味だったけどまた上がってきたんだ
アメリカの株価の調子が戻ってきたからね
しくみがわかれば怖くない!
これからも投資を楽しんでいこう!

監修者略歴

泉 美智子（いずみ・みちこ）

子どもの環境・経済教育研究室代表。ファイナンシャルプランナー。公立鳥取環境大学経営学部准教授を経て現職。全国各地で「女性のためのコーヒータイムの経済学」「エシカル・キッズ・ラボ」「親子経済教室」など講演活動の傍らテレビ、ラジオ出演も。著書・監修書に『改訂新版 節約・貯蓄・投資の前に今さら聞けないお金の超基本』『株・投資信託・iDeCo・NISAがわかる 今さら聞けない投資の超基本』（ともに朝日新聞出版）、『オールカラー マンガでわかる! 知っておきたい世の中のお金』（ナツメ社）など。環境、経済絵本、児童書の執筆多数。

マンガでゼロからわかる！ 全世界株式投信

オルカンの超基本

2025年４月17日　第１刷発行

監　修　　泉 美智子
作　画　　ひげ羽扇
発行人　　関川 誠
発行所　　株式会社宝島社
〒102-8388
東京都千代田区一番町25番地
電話：営業　03(3234)4621
　　　編集　03(3239)0927
https://tkj.jp

印刷・製本　　中央精版印刷株式会社

本書の無断転載・複製を禁じます。
乱丁・落丁本はお取り替えいたします。
©Michiko Izumi, Hige Usen 2025

PRINTED IN JAPAN
ISBN 978-4-299-06297-0